POÉSIES
DE
Armand Renaud

LES NUITS PERSANES
IDYLLES JAPONAISES — ORIENT

PARIS
ALPHONSE LEMERRE, ÉDITEUR
23-31, PASSAGE CHOISEUL, 23-31

M DCCC XCVI

POÉSIES

DE

Armand Renaud

IL A ÉTÉ TIRÉ DE CE LIVRE :

5 exemplaires sur papier de Hollande.
5   —   sur papier de Chine.

Tous ces exemplaires sont numérotés & paraphés par l'Éditeur.

POÉSIES
DE
Armand Renaud

LES NUITS PERSANES
IDYLLES JAPONAISES — ORIENT

PARIS
ALPHONSE LEMERRE, ÉDITEUR
23-31, PASSAGE CHOISEUL, 23-31
—
M DCCC XCVI

QUELQUES MOTS AU LECTEUR

QUELQUES MOTS AU LECTEUR

E *ne saurais trop remercier mon ami et éditeur Alphonse Lemerre d'avoir adopté ce livre, œuvre toute frêle, meurtrie jadis en un jour de tourmente.*

Quand les Nuits Persanes *parurent, on pouvait cependant bien augurer de leur avenir.*

La critique leur fit bon accueil, et M. Émile Deschanel, l'illustre écrivain, qui à cette époque donnait au Journal des Débats *des causeries très appréciées, y prit assez d'intérêt pour lui consacrer un article spécial.*

Oh! la joie que je ressentis de cette étude d'un

maître, pourquoi ne l'avouerais-je pas ? J'avais, pendant cinq ans, puisé aux sources de la poésie persane, tenté d'être nouveau et d'être vrai, de donner une note, encore presque inconnue en France, qu'il me semblait bon de ne pas laisser ignorer plus longtemps. Il m'était permis de penser que ma peine n'était pas perdue, que le livre était remarqué, compris. Les conclusions répondaient tellement à mes préoccupations littéraires que je ne puis m'empêcher de les reproduire, non pour la bienveillance de l'appréciation, mais pour la définition exacte qu'elles donnent de ce que j'avais cherché :

« *Ces reflets d'arc-en-ciel, de saphir ou d'opale ou de clair de lune, parmi les jets d'eau et les cascades des harems, auraient pu être vagues; ils sont précis; l'idée est persane, le style est français...*

« *En général la concision et la brièveté dans le tour rappellent certains petits chefs-d'œuvre de l'anthologie grecque. Ce volume quelquefois pourrait y faire pendant et s'appeler l'anthologie persane.* »

Cela se passait en avril 1870. Quelques mois plus tard, l'invasion donnait tort aux rêves artistiques et mettait Paris et la France aux prises avec une réalité cruelle. Les Nuits Persanes n'avaient plus qu'à se laisser oublier, comme l'auteur n'avait qu'à aller faire son devoir, le fusil à la main.

Mais ce fut pour lui une suprême douceur dans ces jours d'épreuve, alors qu'il revenait des neiges de la banlieue, où campaient ses compagnons, les volontaires de Versailles, de trouver un petit cercle d'amis devant lesquels le peintre Henri Regnault chantait de sa belle voix plusieurs poésies des Nuits Persanes, mises en musique par Saint-Saëns.

Pauvre grand Henri Regnault, épris d'art et de patrie! Il allait un mois plus tard tomber à Montretout sous une balle allemande!

Mais Saint-Saëns vécut. Ces mélodies auxquelles se rattachait si intimement pour moi le souvenir de Regnault furent publiées en recueil, dès que la France eut repris possession d'elle-même; et les nombreux fidèles de l'illustre compositeur en signalèrent la merveilleuse couleur, les alternatives de fougue, de mélancolie et de vision.

Toutefois Saint-Saëns, qui leur portait une affection particulière, ne voulait pas s'en tenir là. Il cherchait à leur donner un corps, au moyen d'une trame légère, par analogie avec ce que j'avais fait pour le livre. Je lui fournis à cet effet quelques suites de strophes destinées à être dites pour expliquer les transitions. Il ajouta des mélodies nouvelles, relia les situations au moyen de passages symphoniques, si bien qu'il y a deux ans, l'ensemble, groupé en une sorte de poème lyrique, fut, sous le titre de Nuit Persane, donné aux Concerts Colonne avec un grand succès.

C'est à la suite de ce renouveau de l'œuvre musicale de Saint-Saëns, qu'Alphonse Lemerre a pensé à reprendre l'œuvre littéraire qui l'avait provoquée. Il lui a semblé que le moment était venu d'offrir enfin dans une édition de choix, aux esprits délicats, un livre, curieux au moins par son objet, que sa rareté rendait presque introuvable.

A-t-il d'autres mérites que cette curiosité et cette rareté ?

Il sera juste de lui reconnaître encore celui d'avoir été élaboré avec conscience, dans l'admiration des grands poètes dont l'auteur a cherché à s'inspirer.

La première édition, faite un peu précipitamment, ne contenait que le texte, sans aucune indication à l'appui. Il semblait que, si le fait répondait d'intention, le livre devait se comprendre par lui-même. Mais l'auteur, en fouillant dans ses anciennes notes, a retrouvé les passages des poètes persans, imités ou reproduits dans son livre ; et ils lui ont paru si intéressants à citer, que, sans vouloir surcharger le texte de commentaires, il a cru devoir y adjoindre ces citations, comme la meilleure des initiations à l'état d'esprit de l'Orient iranien.

A la suite des **Nuits Persanes**, on a été amené par analogie à grouper les poésies qui tendaient de même à l'assimilation d'idées et d'images exotiques.

Les **Idylles Japonaises**, dont Émile Pessard s'est fait le musicien, avaient ainsi dans ce livre leur place toute marquée.

Il ne restait qu'à ajouter, pour être complet, quelques pièces du premier recueil de l'auteur, **Les Poèmes de l'Amour**, recueil trop inégal pour être réimprimé, mais dont certains fragments ont semblé ne pas être indignes de surnager quelques instants au bord du gouffre où tous, plus ou moins vite, nous nous sentons entraînés par le torrent des productions de la pensée moderne.

Paris, 1895.

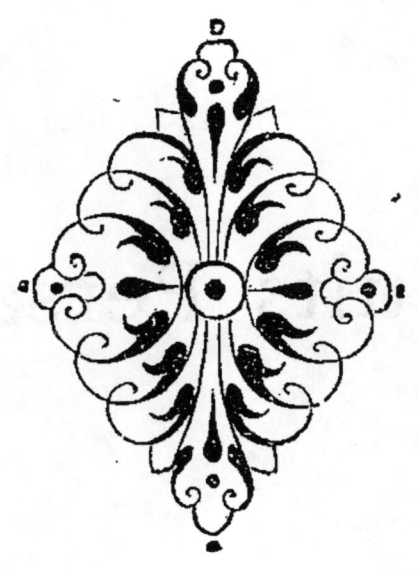

Les Nuits Persanes

Voir à la fin du volume les Notes pour LES NUITS PERSANES

PRÉFACE

DE LA PREMIÈRE ÉDITION

(Février 1870)

—

E livre n'est fait pour parader devant aucune théorie littéraire.

Trop souvent on est venu, au nom d'une des mille faces de l'art, — classicisme, romantisme ou réalisme, — forme, observation ou fantaisie, — clôturer de petits coins de terre, en déclarant infranchissables des clôtures qui n'allaient pas au genou. Le temps des grands-prêtres est fini; ils ne servent plus qu'à rendre les religions absurdes. Plus d'école, plus de drapeau, plus de joug! Il existe, dans le passé, assez de chefs-d'œuvre différents pour donner raison à tous les systèmes, ce qui revient à prouver la folie de l'absolu. Si quelqu'un, de par une esthétique à priori, de par un *dogme formidablement gonflé, vous déclare coupable d'hérésie, éventrez-lui son dogme qui ne contient que du vent comme les dogmes en général, et dites bien fort, en prenant aux sociétés nouvelles leur cri suprême : Point d'art vrai sans liberté.*

Je hais l'indifférence érigée en principe, au milieu d'une société en travail. Parmi les poètes nouveaux, j'ai, dans certaines pages, été un des premiers à aborder la route, volontiers suivie maintenant, des réalités sociales ; et c'est mon vœu de ne pas mourir sans avoir, de toute ma force, l'effort fût-il stérile, poussé à la roue des grands problèmes humains.

Cette fois, j'ai simplement poursuivi quelques lointaines lueurs du lyrisme oriental, et je doute que n'importe quelle douane littéraire ait le droit de venir me dire : On ne passe pas !

Avant de parler d'Orient, il faut d'abord bien définir de quel Orient on entend parler. L'Orient brahmanique, l'Orient chinois, l'Orient musulman sont séparés par des abîmes tels qu'il est monstrueux de les confondre. Le musulmanisme, qui n'était pas sans rapport, dans l'origine, avec l'Orient biblique, s'en est séparé en se développant et s'est alors subdivisé en forme arabe, forme persane, et plus tard forme indienne, forme turque. De toutes, c'est la forme persane qui, en poésie surtout, est la plus originale et la plus complète. L'Arabie tombe en décadence, dès qu'elle sort de l'héroïsme primitif. L'Inde est écrasée par le souvenir de ses vieilles épopées sans-

crites. En Perse, au contraire, la poésie s'épanouit avec la civilisation, et pendant plusieurs siècles, de grands poètes font étinceler le beau, en lui taillant chacun une facette nouvelle. Comme ensemble de littérature, rien de comparable dans le reste de l'Orient musulman.

Jusqu'à présent, la poésie française s'est abstenue de puiser dans cette mine dont l'esprit gracieux de Thomas Moore, en Angleterre, la pensée majestueusement symbolique de Goethe, l'âme vibrante de Ruckert, en Allemagne, ont tiré des trésors. Pourquoi? Sans doute parce qu'on manquait, en France, des informations nécessaires. Dans ces dernières années seulement, la persévérance de Mohl, après une longue lutte avec un poème de plus de cent mille vers, est arrivée à nous faire connaître la grande épopée musulmane, le Livre des Rois de Ferdoucy. Pendant ce temps, M. Garcin de Tassy a, de son côté, ouvert des échappées sur la poésie mystique, en traduisant le Langage des Oiseaux de Farid-ud-Din Attâr. Enfin M. Nicolas, le consul de France à Rescht, avec la collaboration voilée mais précieuse de Mme Blanchecotte, a publié les Quatrains de Khèyam, où l'alliance des pensées philosophiques les plus hardies et des images les plus voluptueuses produit une beauté violente qui fascine. Que ne donne-t-on un pendant à cette œuvre éclatante! Parmi une foule de noms célèbres, s'imposent d'abord ceux d'Hafiz, le voluptueux aux profondeurs mystérieuses, et de Djélal-ed-Din Roumi, l'extatique perdu dans l'inconnu céleste, deux très grands poètes, dont précisément presque rien n'est traduit en français. Savants orientalistes que je sais bien, l'éclat d'autres travaux ne devrait pas vous détourner complètement de celui-là.

Plus d'une personne s'étonnera peut-être de rencontrer dans un livre où l'on vise à l'exactitude d'un coloris étranger, très peu de mots qui ne soient pas français. Peut-être ai-je eu tort, car le système contraire a été suivi dans des œuvres magistrales, mais il m'a semblé que la vérité de l'effet ne gagnait rien à l'emploi des mots inusités ou inconnus que fournissent les livres techniques.

Il n'est rien de rigoureux dans l'ordre et les divisions du volume; demandant la liberté pour ma fantaisie, j'ai désiré laisser à celle des autres toute latitude. Pourtant un fil, que j'ai maintenu invisible, a guidé ordinairement ma pensée, et sans prétendre en faire une chaîne, j'en parlerai. Le livre s'ouvre par l'amour dans la nature; Gul et Bulbul, c'est la création qui enveloppe l'homme, prise dans le mystère que l'Orient a le plus aimé à lui prêter. Mais ce n'est qu'un encadrement, qu'un prélude. L'homme apparaît. D'abord, dans les Gazals en N, cœur indifférent, il vagabonde à travers les rêves de son esprit; dans les Rhythmes, qu'il faut entendre dans le sens le plus simple du mot rhythme, il rêve également, mais en suivant, dans les impressions et les images, certaines lois harmoniques qui l'amènent à entrevoir et désirer la Volupté. La volupté le lasse vite; il ne cesse pas d'en aimer l'essence, les obsessions qui la rabaissent lui répugnent. Pendant ce temps, dans la solitude du harem, une jeune fille sent battre son cœur; elle aime, ignorée, et elle pleure; elle finit pourtant par être aperçue du bien-aimé, et les voilà tous deux dans la Vallée de l'Union. La mort vient briser ce bonheur. La jeune femme s'endort pour ne plus se réveiller, et l'homme se précipite dans l'action pour y noyer sa pensée.

Devenu soldat, il fait la guerre à la façon orientale, fatalement, sans souci de lui ni des autres, méprisant l'homme comme il est naturel qu'on le méprise dans les pays de despotisme. Si une partie du livre pouvait prétendre à un but autre que l'art même, ce serait cette peinture de l'esprit de destruction, là où l'esprit de servitude lui laisse le champ libre. Quand il a saccagé le monde, le vainqueur s'aperçoit qu'il s'est agité dans le vide, qu'il n'a pu réaliser aucun de ses rêves; et pour donner des ailes à son âme, prenant une coupe, il appelle à lui l'ivresse du vin; cette ivresse terrestre, selon la pente des esprits en Orient, le mène à l'ivresse céleste, à la piété ascétique. Enfin l'adoration ne l'emportant pas encore assez haut dans le mystère, il s'appuie, non plus sur l'ivresse du vin, mais sur le vertige de l'opium.

Après des rêves bizarres, des cauchemars qu'entrecoupent des joies calmes, le voilà qui se croit divinisé, quand soudain l'abime de l'amour, depuis longtemps fermé, se rouvre dans son cœur. Il jette sa fausse draperie d'orgueil, et il se met à aimer; mais tout en se souvenant de son ancienne compagne, cette fois ce n'est plus une femme, une créature humaine qu'il poursuit. S'il conserve un reflet des passions terrestres, il le combine avec une aspiration divine dans un être qu'il crée, selon un idéal mystique, fréquent dans la poésie de l'Orient, impersonnel, sans sexe, ne tenant à rien et à tout : l'être aimé. L'ivresse, l'adoration, le vertige avaient fait de vains efforts pour fondre l'homme en Dieu, l'amour réussit. L'être aimé lui enseigne le bonheur dans l'anéantissement et lui en ouvre la voie qu'ascète sans amour, il n'avait jadis pu trouver. Alors, en quelques courtes sentences, il marque les degrés de l'ascension où il perd la notion de lui-même et de tout ce qui existe, pour devenir irrévocablement rien en Dieu.

Cette élévation vers le divin avec la renonciation à l'être, c'est à la fois la grandeur et le mal de l'Orient : un mirage merveilleux avec toute l'illusion du mirage.

AU NOM DU DIEU
CLÉMENT ET MISÉRICORDIEUX

Gloire a Dieu, père des prophètes,
Qui fit les pavillons des cieux,
Les fleurs, les lacs, toutes les fêtes
Du monde immense et gracieux ;

Et qui permit a la pensée,
Par le rêve ou la passion,
En gerbe, a son gré nuancée,
De grouper la création.

Par les astres et par les roses,
Et par le caprice infini
De l'ame errant parmi les choses,
Que le nom de Dieu soit béni !

GUL ET BULBUL

Conseil à la Rose

Le Rossignol, aimant la Rose,
Veut que la Rose aime à son tour ;
Mais pour lui la belle est morose
Et le laisse gémir d'amour.

De la fleur ce n'est point l'affaire.
Que lui veut-il, cet oiseau brun ?
Pour un amant qu'il prétend faire,
Elle lui trouve l'air commun.

Et d'ailleurs n'est-ce point justice
Qu'une déesse ait un martyr ?
Que pour l'amour d'elle il pâtisse,
Est-ce de quoi se repentir ?

Il chante bien, et mieux il souffre ;
La Rose en a le cœur content.
On se plaît aux sanglots du gouffre,
Quand sans les craindre on les entend.

Oh ! que sans trêve l'oiseau saigne
Qui chante si bien son ennui !
De quelque douleur qu'il se plaigne,
Rose, sois sans pitié pour lui !

Car adieu sa voix immortelle,
Si tu le proclamais vainqueur.
Et ta pourpre, d'où viendrait-elle,
Sans les blessures de son cœur ?

Bulbul et le Merle

Le geai bleu qui bavarde et qui tranche,
Le coucou qu'on entend sans le voir,
Le pivert voltigeant sur la branche,
De Bulbul font leur jeu chaque soir.

Et troublant le rêveur au chant triste,
Un vieux merle, oiseau noir et siffleur,
Tant qu'il peut, va criant : « Pauvre artiste,
A quoi bon vivre ainsi de douleur?

« Ne peux-tu laisser là l'indocile
Qui t'afflige en disant toujours non?
D'autres fleurs ont l'accès plus facile.
Si tu veux, je connais plus d'un nom. »

Le chanteur lui répond : « Tous mes rêves
Vers la Rose à jamais s'en iront.
Dieu, qui fait mourir l'eau sur les grèves,
Tient mes yeux arrêtés sur son front.

— C'est un sort bien cruel, dit le merle.
Mieux vaudrait n'être rien, comme moi,
Que d'avoir pour gosier une perle
Et de vivre enchaîné comme toi. »

Mais l'oiseau ténébreux lui soupire :
« Mon malheur est moins grand que le tien.
Demeurer sans amour, c'est le pire.
Mon cœur vibre, et ton cœur ne sent rien. »

La Feuille de Rose

Toujours et toujours
La Rose bafoue
Les tristes amours
Que Bulbul lui voue.
Bulbul irrité,
Pour se venger d'elle,
Garde à sa fierté
L'affront d'un coup d'aile.

De ce front vermeil,
De ce cœur de roche,
Pendant son sommeil,
Sans bruit il s'approche.
Il se sent au cœur
Un courroux étrange ;
De l'être moqueur
Il faut qu'il se venge.

Mais c'est si charmant
De voir cette infâme !
Si séduisamment
La belle se pâme !
Pourra-t-il jamais,
Lui, la voix sereine,
Lui, roi des sommets,
Frapper cette reine ?

Non ! Au lieu d'oser,
Bulbul craint sa proie ;
Venu pour briser,
A présent il ploie.
D'un timide effort,
A peine s'il cueille
Sur la fleur qui dort
Le bout d'une feuille.

Avec son butin,
En l'air il s'envole,
Joyeux ; puis soudain
Son cœur se désole.
Dans la volupté
Dont ce brin l'enivre,
Il sent la fierté
De la fleur survivre.

Causerie avec la Lune

Le Rossignol conte à la lune
Les chagrins qu'en amour il a,
Combien grande est son infortune
Depuis que son cœur se troubla.

Il se plaint que sa bien-aimée,
La Rose, gloire du jardin,
Quand il chante sa renommée,
Ferme son cœur avec dédain.

« Le jour, dit-il, elle aime à vivre.
Son odeur est un encensoir.
De sa beauté chacun s'enivre
Depuis l'aurore jusqu'au soir.

« Mais, pendant les nuits où la lyre
Est moins douce que mon gosier,
Adieu l'ardeur et le délire ;
La Rose dort sur le rosier.

— Hélas ! c'est la règle éternelle,
Répond la lune au Rossignol.
Si rapide que soit une aile,
L'amour est plus prompt dans son vol.

« Moi, depuis que le monde existe,
C'est le soleil que je voudrais.
Toujours je le suis, pâle et triste,
Sans jamais en être plus près. »

Bulbul et la Houri

Une houri, tenant en main la coupe
Chère aux élus de l'Éden toujours frais,
Vint sur la terre, et vit l'éternel groupe
Fait par la Rose et Bulbul triste auprès.

Le tendre oiseau modulait son angoisse
Sur les rigueurs qu'il lui fallait souffrir.
La vierge dit : « La Rose au vent se froisse ;
Viens dans l'azur voir les astres fleurir.

« Viens ! j'ai pour toi des bois remplis de mousse,
Des nappes d'eau, des pavillons ombreux.
Viens ! à ta voix si flexible et si douce
J'enseignerai les chants des bienheureux.

« Pauvre plaintif, s'il te faut des caresses,
Tu t'en iras aux lèvres de mes sœurs ;
Tu connaîtras le fond des allégresses
Et le vertige atteint par les douceurs. »

Bulbul voyait luire en haut la Grande-Ourse ;
De la houri l'œil profond l'attirait ;
Du Paradis il eût aimé la source,
Les pavillons, les fleurs et la forêt.

Jamais il n'eut de bonheur dans la vie.
Pour lui toujours la Terre est sans merci.
Qu'il parte donc vers le ciel, son envie !
L'œil sur la Rose, il dit : « Je reste ici. »

Les Gouttes d'Eau

Midi régnait torride ;
Aux flots pas une ride,
Pas un souffle dans l'air.
L'azur sans espérance,
A causer la souffrance,
  Était clair.

La Rose, avec sa tige,
Ne pouvait du vertige
Supporter le fardeau,
Et criant : « Je trépasse ! »
Demandait à l'espace
  Un peu d'eau.

L'amant qu'elle repousse,
Bulbul, sous l'ombre douce,
S'était mis à rêver.
Voyant la fleur qui tombe,
Il voulut de la tombe
    La sauver.

Sans penser que la Rose
De son deuil était cause,
Loin de l'ombre, il vola
Vers le lac à l'eau bleue,
Sis à plus d'une lieue
    Au delà.

Puis, le bec plein d'eau fraîche,
Joyeux, il se dépêche
De fendre l'azur sec,
Et sur la fleur brisée
Fait tomber la rosée
    De son bec.

Mais, son œuvre accomplie,
Dans sa mélancolie
Il rentre inaperçu;
Et la fleur qui l'outrage,
Jamais d'un tel courage
    N'a rien su.

Les Gouttes de Sang

Bulbul chantait, chantait sans trêve
   Dans la forêt.
Mieux vaut le mal que fait un glaive,
   Tant il souffrait ;

Tant de son gosier qu'il déchire
   Il arrachait
Des accents comme n'en soupire
   Aucun archet.

Et l'eau qui court, le vent qui passe,
   L'arbre aux longs bras,
Tout lui disait : « Finis, par grâce !
   Ou tu mourras.

« Vois ! déjà ta poitrine éclate,
　　Le sang reluit ;
Et par la blessure écarlate
　　Ton cœur s'enfuit. »

Pourtant Bulbul, sans rien entendre
　　A leurs discours,
Sur un ton langoureux et tendre,
　　Chantait toujours.

Et plus la Rose rigoureuse
　　Le dédaignait,
Plus la voix était amoureuse,
　　Plus il saignait ;

Car à mesure que les gouttes
　　Tombaient du cœur,
Sur l'aimée elles allaient toutes
　　Briller en chœur,

Et chaque fois, prêtant une arme
　　A sa beauté,
Retenaient Bulbul sous un charme
　　Ensanglanté.

Pensée funèbre

Hélas! hélas! jeune Rose
Que de perles l'aube arrose!
Hélas! hélas! Rossignol,
Le céleste virtuose
Soupirant, quand tout repose,
Les yeux, le cœur vers le sol!

Jadis la fleur était belle;
L'oiseau, la trouvant rebelle,
En gémissait nuit et jour
Et, triste autant que fidèle,
Consumait son cœur près d'elle,
Sans un espoir de retour.

Maintenant l'automne est dure ;
De la dernière verdure
Elle emplit son tombereau ;
Et l'inflexible nature
Dans la même sépulture
Va joindre esclave et bourreau.

Si tout s'en va dans la terre,
Triste chanteur solitaire,
Que servait de tant souffrir ?
Fleur fermée à la prière,
Tu vécus railleuse et fière ;
A quoi bon ? tu vas mourir.

Oh ! que vivre est chose folle !
On dédaigne ou l'on raffole,
On verse ou l'on boit du fiel ;
Puis, comme un rire frivole,
En un moment tout s'envole
Dans les profondeurs du ciel.

GAZALS EN N.

Le gazal est la forme préférée de la poésie lyrique en Orient; il se compose d'une suite de distiques (cinq au moins) dont le premier a ses deux vers rimant ensemble et dont les autres ont leur premier vers sans rime et leur second rimant avec le premier distique; la recherche de la consonance est même poussée si loin que quelquefois ce n'est plus seulement la même rime, mais le même mot qu'on répète ainsi. Dans le dernier distique, le nom que le poète a adopté pour le représenter dans ses œuvres, ordinairement une épithète, Ferdoucy, *le céleste*, Saadi, *le bienheureux*, doit toujours être rappelé.

Les gazals d'un poète, quand on les met en recueil, sont rangés non par ordre de date ou de sujet, mais alphabétiquement selon leur lettre finale; chaque série prend alors le nom de la lettre qui lui est commune et qui, par suite des lois du gazal, doit être la lettre terminale de toutes les rimes qui s'y trouvent.

Les *Gazals en N* donnent de ce genre de poésie une imitation aussi exacte que possible, le nombre n'existant pas chez nous en même temps que la rime, comme chez les Persans, et l'équivalent ayant été cherché dans l'observation de notre loi sur les terminaisons féminines et masculines. Cet essai d'imitation est un jeu auquel il a semblé curieux de se livrer un instant, mais sans le prolonger, de peur d'étouffer la pensée sous les combinaisons. Une seule fois, à la fin de *l'Être aimé*, la forme du gazal a été employée de nouveau, légèrement modifiée selon un modèle également oriental, quoique moins habituel.

La Brise

Comme des chevreaux piqués par un taon,
Dansent les beautés du Zaboulistan.

D'un rose léger sont teintés leurs ongles,
Nul ne peut les voir, hormis leur sultan.

Aux mains de chacune un sistre résonne;
Sabre au poing, se tient l'eunuque en turban.

Mais du fleuve pâle où le lis sommeille,
Sort le vent nocturne, ainsi qu'un forban.

Il s'en va charmer leurs cœurs et leurs lèvres
Sous l'œil du jaloux, malgré le firman.

O Rêveur, sois fier. Elle a, cette brise,
Pris tes vers d'amour pour son talisman.

La Fumée

Haine au soleil, au pompeux assassin
Tuant le rêve avec son jour malsain.

Mieux vaut fumer sous de pâles étoiles
Se reflétant en un pâle bassin.

Seul et muet, la pipe sur les lèvres,
La brise au front, sous la tête un coussin,

On suit de l'œil, à travers l'azur tendre,
La vapeur grise au fantasque dessin.

Astres, fumée et ciel doux, c'est la femme.
Les yeux y sont, et le cœur et le sein.

La pipe brûle, ô Rêveur; la nuit brille.
Un chant d'oiseau te réveille à dessein.

Le Trésor

Oter, un par un, les voiles de lin
D'une vierge grecque au type aquilin ;

Sur une terrasse où le jet d'eau chante,
Des pourpres du soir suivre le déclin ;

Parfumé de myrrhe, au son des mandores,
Voguer sur les flots d'un lac cristallin ;

Avoir un sonore essaim de cavales,
Chacune jouant avec son poulain ;

Ouvrir un coffret ruisselant de perles,
Le vider toujours, l'avoir toujours plein :

Tout cela vaut moins que ne vaut ton rêve,
O Rêveur maudit comme un orphelin.

La Bougie

Son sort est beau, la bougie a raison ;
C'est l'âme ardente à brûler sa prison.

Elle s'éclaire à la fois et se tue ;
Elle se montre et s'ouvre l'horizon.

En crépitant, sa flamme lui murmure :
« Vivre est le mal, mourir la guérison. »

Et la mort vient, rapide et glorieuse,
Si nul n'éteint le feu par trahison.

Oh ! s'épuiser à commander la fange,
Compter de l'or, agrandir sa maison !

C'est, pour ne pas alléger le navire,
Risquer la chute avec la cargaison.

Fais de ton âme, ô Rêveur, une cire
Qui s'illumine et meure en pâmoison.

Largesse

Le Roi, suivi d'un colosse africain,
Le front mitré, s'avance en palanquin.

Il est prodigue ; il offre une province
A qui saura lui dompter un requin ;

Il a nommé vizir le plus habile
Des corroyeurs qui font le maroquin ;

A son bouffon il donne pour demeure
Un temple d'or, le marbre étant mesquin.

Mais toi, Rêveur qui chantas ses victoires,
Tu n'as pas eu la moitié d'un sequin.

Questions et Réponses

On veut savoir d'où je viens? Du lointain.
Quand je partis? Le soir ou le matin.

Ce que je suis? Comme on veut, je puis être
Un aigle, un âne, un monarque, un pantin.

Ce que je fais? Triste ou bonne figure,
Trouvant des coups ou trouvant un festin.

Quels trésors j'ai? J'ai de plus que bien d'autres,
Un luth sans corde et trois pièces d'étain.

Où je m'en vais? Peut-être, pour le dire,
Serait-il bon que j'en fusse certain?

Vis, ô Rêveur, sans chercher à connaître.
La nuit complète est au fond du destin.

Le Charmeur

Les yeux brillants, le corps en limaçon,
Le serpent roux guette dans le buisson.

Aux moucherons errant sous l'herbe chaude,
Son corps poli fait l'effet d'un glaçon.

Il se confond avec les feuilles sèches ;
Calme et terrible, il attend sa moisson ;

Lorsqu'un charmeur vient siffler un air vague
Sur une flûte à l'harmonieux son.

Et le serpent qu'étonne la musique
Détend son corps d'amoureuse façon.

Il se soulève et danse sur la queue,
Et ferme l'œil en un moelleux frisson.

Le charme est tel qu'il oublierait de mordre,
Quand on viendrait le hacher par tronçon.

O toi, Rêveur qui veux dompter les hommes,
Prends au charmeur de serpents sa chanson.

Les Louanges

Pour qu'à ma famine il jette un croûton,
Je l'ai dit savant; il n'est que glouton.

Pour avoir un lit, je l'ai dite belle;
Entre nous, son nez touche à son menton.

Pour que le chanteur chante mon poème,
J'en fais un bulbul; c'est un hanneton.

Pour qu'il m'offre un grain de café, je prête
Du cœur au vizir, grand fuyard, dit-on.

D'après moi, le juge est un homme intègre ;
En disant le vrai, j'aurais du bâton.

O Rêveur, il faut, lorsqu'on est poëte,
Épris de l'airain, vanter le carton.

Sanctuaire

Le diamant, but des splendeurs sans frein,
Toujours se cache en quelque souterrain.

Si par hasard un mineur le découvre,
L'homme à son tour le met dans un écrin.

C'est quand ils sont enfouis sous la terre,
Que l'arbre pousse et que germe le grain.

Sur les varechs, au plus profond des ondes,
La perle dort, loin des yeux du marin.

Dans un palais aux murailles de jaspe,
Mystérieux, veille le souverain.

De la ferveur la plus belle prière
Veut pour coffret le cœur du pèlerin.

Toute beauté doit craindre l'étalage
Où l'on se fane et s'en va brin par brin.

Veux-tu rester pur et fier ? à ton âme
Mets, ô Rêveur, un couvercle d'airain.

Brouillard

L'INCONNU troublait l'homme ancien;
Savoir tout ne paraît plus rien.

Autrefois s'étalaient les monstres;
Tout porte le masque du bien.

Plus de rêve triste! on préfère
Le joyeux et vide entretien.

Plus de misère! le génie
A les aumônes pour soutien.

D'avoir une émotion forte
La logique ôte le moyen.

O Rêveur, brise-moi ta lyre;
Le sphinx s'est fait plat comme un chien.

LES RHYTHMES

La Caravane

Les mots sont une caravane
Qui défile, dans mon cerveau,
Sur la route escarpée ou plane
De quelque poème nouveau.

Nul obstacle ne les étonne,
Mais ils marchent plus réguliers,
Aidés par un chant monotone
Comme celui des chameliers.

Cadence

Monté sur une blonde ânesse,
Je vais voir les danseurs hindous.
Puisse avoir toute ma jeunesse
Son pas calme et leurs rhythmes doux !

Effet de Nuit

L'oiseau chante, le vent pleure;
La lune ouvre son œil rond.
Une joie, un deuil m'effleure;
L'idée observe à mon front.

Gros et Maigre

Pour y palper ses bons dîners,
Le gros se tapait sur le ventre ;
Mais, l'estomac creux comme un antre,
Le maigre se grattait le nez.

Et prenant leurs gestes pour centre
D'expression de l'être humain,
Autour d'eux, chacun, de la main,
Taquinait son nez ou son ventre.

Coup de Flèche

Juge, va-t'en du tribunal ;
Sans que jour ni nuit tu t'arrêtes,
Tu condamnes les bons au pal,
Tu décapites les honnêtes.

L'encre ne suffit plus au sang,
Et je ne puis, faute de rimes,
T'infliger un vers flétrissant
Pour chacune de tes victimes.

Les Jongleurs

Je viens de voir sur une place,
Au fond des ignobles faubourgs,
Un grand cercle de populace
Qui, chassant les soucis trop lourds
Pour sa misère fainéante,
Examine, bouche béante,
Comme un marmot une géante,
Quatre jongleurs faisant leurs tours.

Le premier se sert, quand il joue,
De boules d'or que le soleil
Amoureusement sur la joue
Baise de son baiser vermeil;
L'autre en ses mains favorisées
Groupe des guirlandes rosées;
Avec des perles irisées
L'autre tient son monde en éveil.

Mais, tous les trois, on les dédaigne
Lorsque paraît, les traits en feu,
Celui qui sur les foules règne
Comme un empereur, comme un dieu.
Car c'est sur la lame pointue
Que son adresse s'évertue,
Et les bonds du poignard qui tue
Font un supplice de son jeu.

Loin de ce carrefour immonde,
Il existe d'autres jongleurs
Qui fascinent les yeux du monde
Par leurs secrets ensorceleurs ;
Eux aussi, coulés dans le moule
Du libre caprice qui roule,
Savent faire voir à la foule
Des tours de toutes les couleurs.

Mais si votre rêve, ô poètes,
Est de fasciner les regards,
Comme les éclairs des tempêtes,
Comme le soleil sans brouillards,
En jonglant avec des pensées
Dont d'autres mains seraient blessées,
Sur votre front tenez dressées
Des auréoles de poignards !

La Flûte et le Tambour

La profondeur fut étrange
Du premier qui fit un jour
Sa musique du mélange
De la flûte et du tambour.

Jour heureux et jour néfaste,
Rêve, action, haine, amour,
L'existence est le contraste
De la flûte et du tambour.

Et les histrions des foires,
Les poètes de la cour
N'ont au fond de leurs histoires
Que la flûte et le tambour.

L'Escarpolette

Pour bien comprendre le monde,
C'est se balancer qu'il faut.
Plus l'ascension va haut,
Et plus la chute est profonde.

Ni plus ni moins

L'eau coule, immensité sans tache.
Sur sa nappe, miroir du ciel,
Seul, un noyé flotte et détache
Son ventre pestilentiel.

Et de grands oiseaux au vol courbe,
Avec la même volupté,
Du cadavre goûtent la bourbe
Et de l'eau la limpidité.

Les deux Notes

Oh! deux notes au clair de lune,
Lentement, éternellement!
« Éternel désir, » chante l'une;
L'autre : « Éternel éloignement. »

Le Nid

Au bord du lac, j'ai mis mon âme
Dans une fleur de nélumbo ;
Dans ce nid frais comme un tombeau
De mes désirs j'endors la flamme,
Et le zéphyr berce mon âme
Comme il berce le nélumbo.

VOLUPTÉ

Mélange

Porte ma couche ànos lits roses,
Dans le rêve emporte mon cœur,
Puis confondons toutes ces choses,
Que mon rêve, ayant leur odeur,
Frôle son aile sur les choses.

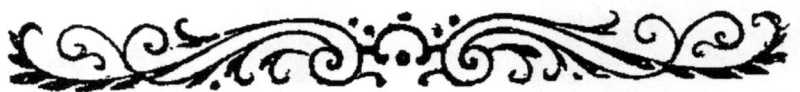

Mélange

Porte ma couche dans les roses,
Dans le rêve emporte mon cœur,
Puis confondons toutes ces choses,
Que mon rêve, ayant leur odeur,
Prête son aile aux fleurs écloses.

Rosée

Mon cœur est un charbon en feu.
Qu'une femme y tombe en rosée,
Il en monte vers le ciel bleu
Une senteur vaporisée.

Les Invisibles

Les caresses ! erreur énorme :
Croire que, donné, c'est fini !
Leur âme reste, après leur forme,
Pour être douce au front béni.

Et chaque nouvelle caresse
Doit ses plus profondes douceurs
A ce qu'autour d'elle se presse
L'ombre invisible de ses sœurs.

L'Étoile

Dans le ciel, encor tout azur,
Que pas un nuage ne voile,
Scintille une première étoile,
Premier désir dans un œil pur.

Oh! sans l'obscurcir d'aucun voile,
Montre ta forme à ton amant;
Ne porte au front qu'un diamant
Dont le ciel de ton corps s'étoile.

Bleu sur Bleu

A la Mecque, en l'azur profond,
Des pigeons bleus ouvrent leur aile.
Le calme éternel s'y confond
Avec la vie ardente et frêle.

Dans l'ombre tiède où meurt le jour,
De même, ô jeune créature,
Mêlons les mollesses d'amour
A la langueur de la nature.

La Fugitive

Esclave d'ambre parfumée,
Passant sous mon cou ton bras nu,
Dans tes cheveux toute pâmée
Pour un pas fait dans l'inconnu,

Vois une ombre, au seuil de la porte,
Fuir pâle sous un linceul blanc,
Ta douce virginité morte
Qui te regarde en s'en allant.

Au Jour le Jour

Les uns veulent se hâter,
Songeant que la vie est brève.
Ils n'arrivent qu'à gâter
Le frêle parfum du rêve.

D'autres, au sein du plaisir,
Font halte à cette pensée
Qu'un jour la mort doit saisir
Leur douce ivresse enlacée.

Sans course vaine en avant,
Sans arrêt lâche en arrière,
Mêlons nos cheveux au vent
Qui nous roulera, poussière.

La Coupe

Voyant dans ma coupe vidée
La figure de nos amours,
Tu dis : « Que n'est-elle gardée,
Par quelque dieu, pleine toujours ! »

Ne laissant aucun vide à craindre,
Moins vaudrait la coupe sans fond.
Ton œil, ne devant pas s'éteindre,
Aurait un charme moins profond.

La Gargoulette

La gargoulette, pleine d'eau,
Qui, sans la chute d'une goutte,
Sur ta tête reste à niveau,
Pendant que tu tressailles toute;

Tes yeux dans l'infini perdus,
Sous l'eau calme ta face inerte,
Quand, la hanche et les seins tordus,
Tu danses, de frissons couverte,

Enseignent que la volupté
Doit nous agiter de ses flammes,
Sans qu'une goutte de beauté
En brille de moins dans nos âmes.

Les Palmiers

Heureux les palmiers! leurs amours
Vont, sur les ailes de la brise,
De l'amant ignoré toujours
A l'amante toujours surprise.

Rien de réel ne vient briser
L'idéal essor de leurs fièvres.
Ils ont l'ivresse du baiser
Sans la servitude des lèvres.

LA SOLITAIRE

Mystère

D'un maître mon âme est la proie;
D'un seul regard il me vainquit;
C'est un brun à l'œil qui flamboie.
Mais n'espérez pas savoir qui.

Moi, jadis, la vierge glacée,
Des récits d'amour me moquant,
Je n'ai qu'amour dans la pensée.
Mais nul ne saura depuis quand.

Pour une sortie en litière,
Mon père m'ouvrit mon verrou;
Passa l'homme à la mine altière.
Mais je ne veux pas vous dire où.

Lui seul pourrait calmer ma fièvre,
Lui seul, transformer mon tourment
En miel pour mon âme et ma lèvre.
Mais ne demandez pas comment.

O ma jeunesse, où sont les tombes,
Bientôt l'on pleurera sur toi;
Sous la tristesse tu succombes.
Mais je ne dirai pas pourquoi.

Mélancolie

O fier jeune homme, ô tueur de gazelles,
Cavalier pâle au regard de velours,
Sur ton cheval dont les pieds ont des ailes
Emporte-moi vers le ciel des amours.

J'ai bien souvent, la nuit, sur ma terrasse,
Versé des pleurs en te tendant les bras.
Stérile effort! c'est l'ombre que j'embrasse,
Et mes sanglots, tu ne les entends pas.

Pourtant le ciel m'a faite ardente et belle,
Ma lèvre douce est comme un fruit vermeil;
J'ai dans la voix des chants de colombelle,
Sur les cheveux des rayons de soleil.

Mais enfermée et couverte de voiles,
Dans un palais, je meurs loin du vrai bien.
Pourquoi des fleurs et pourquoi des étoiles,
Si mon cœur bat et si tu n'en sais rien?

Mon bien-aimé, terribles sont tes armes,
Ton long fusil, ta lance, ton poignard,
Et, plus que tout, tes yeux aux sombres charmes,
Perçant un cœur avec un seul regard.

O fier jeune homme, ô tueur de gazelles,
A leur destin mon sort est ressemblant;
Sur ton cheval dont les pieds ont des ailes,
Joins mon cœur triste à ton butin sanglant.

Délire

Le marchand de perles m'a dit :
« Ton front veut-il une couronne ?
Tout mon bazar qui resplendit,
Pour ta prunelle je le donne. »

Le marchand de roses reprit :
« Laisse les perles chez l'orfèvre ;
Tout mon royaume qui fleurit,
Je l'échange contre ta lèvre. »

Le poète au rêve étoilé
Dit à son tour : « Vivante flamme,
De ton cœur donne-moi la clé,
Et dans mes chants je te proclame. »

Mais que m'importe aucun trésor?
Je garde cœur, lèvre et prunelle
Pour quelqu'un n'ayant pas encor
Soupçonné ma plainte éternelle.

Perles, roses, vers, à mes yeux,
Cela ne vaut pas un grain d'orge.
Du bien-aimé j'aimerais mieux
Que l'étrier broyât ma gorge.

La Splendeur vide

J'ai construit dans mon âme
Un merveilleux palais,
Plein d'odeurs de cinname,
Plein de vagues reflets.

Saphir, ambre, émeraude
En couvrent les piliers ;
En silence il y rôde
Des lions familiers.

Dans l'ivoire des coupes,
Sur les tapis profonds,
Des monarques par groupes
Y boivent les vins blonds.

Isolés comme une île,
Les murs s'en vont plongeant
Dans la nappe tranquille
D'un lac de vif-argent.

Et tout semble immobile,
Et pourtant tout grandit,
S'élargit, tache d'huile,
Monte et s'approfondit.

Et de l'onde muette,
Et du palais sans bruit,
Un feu qui se projette
De plus en plus reluit.

Mais à ce qui m'enchante
Deux choses font défaut :
Là dedans rien ne chante,
Le ciel est noir là-haut.

Oh ! pour un son de lyre,
Oh ! pour le moindre azur,
Je laisserais porphyre,
Perles fines, or pur.

Mais le seul qui la donne,
L'Amour, doux et cruel,
M'interdit ma couronne
D'harmonie et de ciel.

Et plus tout luit, tout monte,
Tout devient vaste et beau,
Plus la douleur me dompte,
Plus je suis un tombeau.

Sur le Nil

Étouffez-moi sous des tas de murailles
    Se criblant d'yeux pour m'observer ;
De mon amour chantez les funérailles.
    Mon rêve est là pour vous braver.

— Les eaux du Nil, toutes pâles, s'écoulent
    Sous les étoiles de la nuit.
Des sphinx, au bord, sur deux rangs se déroulent ;
    Au milieu notre barque fuit.

Le bien-aimé, s'accoudant sur la proue,
    Laisse errer sur moi son œil doux.
Moi, renversant la tête, je secoue
    Mes cheveux d'or sur ses genoux.

Et les grands sphinx, dans la plaine infinie,
 Nous regardant passer près d'eux,
Confusément versent une harmonie
 Qui tombe en amour sur nous deux.

Les eaux du Nil coulent, les roseaux tremblent ;
 Dans notre barque nous glissons.
Les chants des sphinx perdus dans l'ombre semblent
 Des harpes prolongeant leurs sons.

Et nous mêlons notre amour à l'eau pâle,
 Au firmament illimité... —
Rêve impuissant! enfer d'un cœur qui râle,
 Seul, par les molles nuits d'été !

Gazelles et Lions

Quand Medjnoun, loin de Léïla,
　Dans les déserts s'en alla,
Au piège il prit mainte gazelle,
　Et la voyant, dit : « Voilà
Comme les yeux sont doux chez Elle. »

Puis l'ayant prise, il délivrait
　La mignonne au fin jarret,
Et suivait ses bonds dans l'espace,
　En pensant : « Tel est l'attrait
De Léïla quand elle passe. »

Et quand un chasseur s'avançait
  Qui, pour égorger, chassait,
Il lui criait : « Va-t'en, blasphème !
  Tuer des gazelles, c'est
Comme la tuer elle-même. »

Au désert, moi, si j'avais fui,
  Ce qui vaincrait mon ennui,
Ce serait le lion qui gronde ;
  Car je me dirais : « C'est Lui
Dont résonne la voix profonde. »

Puis j'irais à l'antre écarté
  Qu'il dévaste en liberté,
Pour y contempler son œil mâle,
  Où je verrais la fierté
De l'œil de mon cavalier pâle

Et s'il avait soif, j'offrirais,
  Pour l'abreuver, mon sang frais,
Tâchant d'oublier dans sa gueule
  Le Maître qui manque auprès
De ma passion toujours seule.

Le Puits

Dans le jardin, assise au bord du puits
Qu'un soleil ardent séchait de son hâle,
Je lui contais ma tristesse depuis
Que j'ai vu passer le cavalier pâle.

Je dis combien l'isolement m'abat,
Je dis ma révolte avec mes alarmes.
Bien que nul pleur de mes yeux ne tombât,
Le puits desséché se remplit de larmes.

Au bord du puits je vins le lendemain ;
J'aurais mieux aimé la tombe profonde.
Je ne dis rien, mais je posai la main
Sur mon cœur saignant, en regardant l'onde.

Des dents de feu me déchiraient le front,
Je songeais aux morts en qui rien ne bouge.
Les pleurs sont peu pour un cœur qui se rompt;
L'eau blanche du puits devint du sang rouge.

Hélas! si lui, le bien-aimé, voulait
Porter son amour dans mon âme sombre,
Il changerait en paradis complet
Ma nuit infinie et mes feux sans nombre;

Et le vieux puits, en écoutant nos doux
Soupirs de pigeons et rires de merles,
Transformerait, pour faire comme nous,
Son sang en rubis, ses larmes en perles.

Flots, Palmes, Sables

Loin des yeux du monde,
La mer est profonde,
Les palmiers sont hauts,
Les sables sont chauds.

S'il te faut les endroits vagues
Qui luisent en se mouvant,
O mon bien-aimé, les vagues
Livrent leur crinière au vent;
L'œil sur l'onde, aux doigts la coupe,
Disparaissons en chaloupe,
Avec le rêve à la poupe
Et l'espérance à l'avant.

S'il te faut les endroits calmes
Où tout chante et tout bénit,
Viens au fond du bois des palmes,
Avec moi, choisir un nid,
Un nid où, morts pour la foule,
Nous vivions pour l'eau qui coule,
Pour le ramier qui roucoule
A l'heure où le jour finit.

S'il te faut les endroits mornes
Où le corps est châtié,
Allons au désert sans bornes,
Sous le soleil sans pitié ;
T'ayant là, je serai forte.
Mourir ! mourir ! que m'importe,
Si je partage, étant morte,
Ton sépulcre par moitié !

  Loin des yeux du monde,
  La mer est profonde,
  Les palmiers sont hauts,
  Les sables sont chauds.

Floraison

De dilater mon cœur le jour est venu ;
    L'amour doit vendanger ma vigne.
Je sens, pour m'envoler au ciel inconnu,
    Qu'il me vient des ailes de cygne.

J'étais dans la fournaise, et ma chair brûlait,
    Et la fournaise était bien close.
La fournaise devient un moelleux filet ;
    Tout charbon n'est plus qu'une rose.

Oh ! je serai jalouse ! Oh ! j'enchaînerai
    De mes cheveux ce cœur farouche.
Mes baisers poseront un sceau consacré,
    Plus fort que la mort, sur sa bouche.

A personne je n'ai conté le bonheur
   Qu'à grand'peine mon cœur refoule ;
Car nul ne m'a paru valoir cet honneur,
   Parmi les sages ni la foule.

Mais je l'ai dit tout bas aux flots bleus du ciel,
   A l'errant vaisseau de la lune,
Même au vent printanier, au souffle duquel
   S'ouvre la fleur de ma fortune.

Qu'on ne me parle plus du palais des rois,
   Du paradis aux fraîches ondes,
Je peux boire la terre et le ciel au choix.
   L'amour m'a donné les deux mondes.

Qu'on ne me parle plus de la Kaaba
   Où l'on baise la pierre noire.
L'amour plus sûrement du ciel me tomba ;
   A lui seul mon baiser veut croire.

La rose blanche était le triste ornement
   De la vierge, aux langueurs en proie.
Femme aimée, ôte-la ; mets pour ton amant
   La rose rouge de la joie.

LA VALLÉE DE L'UNION

Ascension

Avec l'aile de l'oiseau,
La chair atteint l'azur; l'eau
Fait du nuage son aile.

Le feu vole, rayon d'or;
La fleur reste à la tonnelle,
Mais son parfum prend l'essor.

Pour monter, la lyre en elle
A le son; l'âme, à son tour,
S'ouvre et s'envole en amour.

Portrait

Plus souples au doigt que le cachemire,
Faisant oublier l'odeur de la myrrhe,
    Tels sont ses cheveux.
Les plus beaux saphirs seraient choses vaines
Pour ceux qui verraient l'azur de ses veines
    Sur son cou nerveux.

Qu'est-ce que l'ébène auprès de ses boucles?
Qu'est-ce que la flamme et les escarboucles
    Auprès de ses yeux?
Près de son visage où tout se colore
D'un reflet vermeil, qu'est-ce que l'aurore
    Qui se lève aux cieux?

Parmi les rondeurs qui vont de sa joue
Jusqu'à son menton, le regard se joue
    Mieux que dans un parc.
Pareille au soldat que le meurtre allèche,
Elle met sa joie à lancer la flèche.
    Son sourcil est l'arc.

Au coin de sa joue est une fossette :
Abîme effrayant ! tout cœur qui s'y jette,
    Y va se briser.
Ils n'aimeraient plus à cueillir les dattes,
Ceux qui cueilleraient, assis sur les nattes,
    Son fruit, le baiser.

Et cela soit dit sans aucun blasphème,
Il se raillerait du paradis même,
    Celui sur lequel,
Avec ses parfums, ses chansons, sa flamme,
Amoureusement, flotterait son âme,
    Sœur de l'arc-en-ciel.

La Rime et la Lèvre

Sur la mer bleue aux blanches lames
Où le vent du soir fraîchissait,
Plongeant à la fois ses deux rames,
En cadence un pêcheur glissait ;

Sur la rive, devant sa hutte,
Assis sur un rocher moussu,
Un pâtre jouait de la flûte
Et riait de l'écho perçu ;

Quand, charmé par ces harmonies,
Un rêveur qu'exaltait l'amour,
Pour peindre les lèvres unies,
Inventa la rime à son tour.

O toi dont la beauté m'enfièvre,
A mon désir qui suit tes pas
Tends le fruit pourpré de ta lèvre,
Mes rimes ne tariront pas.

Cavalcade

Hop! nos chevaux rongent le mors;
    L'un hennit, l'autre se cabre.
Partons avec tous nos trésors,
    Toi tes yeux, et moi mon sabre.

Nos chevaux sont très blancs, très beaux,
    Avec des narines roses;
Laissant retentir leurs sabots,
    Nous nous dirons bien des choses.

Avant que ton amour me prit,
    Vivre n'était qu'un vain rêve.
Il faisait nuit dans mon esprit,
    Avec toi le jour se lève.

Le jour se lève! Oh! je dis bien;
　　D'hier je n'ai plus mémoire!
Tout ce qui n'est pas toi n'est rien,
　　Et tombe dans la mer Noire.

Fuyons, allons où tu voudras :
　　Pour nos cœurs point de barrières!
Je te porterai dans mes bras,
　　S'il faut passer des rivières!

Ne crains ni les bois ni les monts;
　　Crois en l'espoir dont je vibre.
Nous sommes deux, nous nous aimons,
　　Et devant nous est l'air libre!

Hop! nos chevaux rongent le mors;
　　L'un hennit, l'autre se cabre.
Partons avec tous nos trésors,
　　Toi tes yeux, et moi mon sabre!

Au Cimetière

Assis sur cette blanche tombe,
Ouvrons notre cœur !
Du marbre, sous la nuit qui tombe,
Le charme est vainqueur.

Au murmure de nos paroles
Le mort vibrera ;
Nous effeuillerons des corolles
Sur son Sahara.

S'il eut, avant sa dernière heure,
L'amour de quelqu'un,
Il croira du passé qu'il pleure
Sentir le parfum.

S'il vécut sans avoir envie
  D'un cœur pour le sien,
Il dira : « J'ai perdu ma vie,
  N'ayant aimé rien. »

Toi, tu feras sonner, ma belle,
  Tes ornements d'or,
Pour que mon désir ouvre l'aile
  Quand l'oiseau s'endort.

Et sans nous tourmenter des choses
  Pour mourir après,
Nous dirons : « Aujourd'hui les roses !
  Demain les cyprès ! »

Le Bazar

Ce matin, j'ai porté mes pas
Au bazar où criait la foule.
Mais moi je ne l'entendais pas,
Songeant à ta voix qui roucoule.

Les juifs me pressaient les poignets,
Pour me vendre une chose, une autre.
De vivre ainsi je les plaignais,
Sachant quel bonheur est le nôtre.

Tous ces marchands n'ont au cerveau
Que trafic et supercheries.
Je déroule ton écheveau
A l'ombre des palmes fleuries.

Le soir, sur leur argent malsain,
Ils se couchent dans une cave.
Je m'endors, le front sur ton sein,
Au bercement du vent suave.

Par caravanes ils s'en vont
Découvrir parfums et denrées.
Oh! que ton regard est profond!
Oh! que tes boucles sont lustrées!

En tous les pays, sans besoin,
On les voit rapaces au lucre.
Tes lèvres ne sont pas si loin,
Tes lèvres d'opium et de sucre!

Contrastes

Quand tu viens à moi, je sens
Le frisson du vent nocturne.
Le désir, comme un encens,
Brûle en mon cœur qui sert d'urne.

Les cils flottant sur tes yeux
Me charment tant que j'en souffre;
Je vais si loin dans les cieux
Que je me figure un gouffre.

Plus l'incarnat est puissant
De ta bouche si petite,
Plus elle est rouge de sang,
Ma blessure sans limite.

Tu me perces de poignards,
Et de baumes tu m'inondes ;
Aveuglés sont mes regards,
Tant tes clartés sont profondes !

Oh ! verse-moi tes cheveux.
Que ce vin musqué m'enivre !
Ne m'épargne pas. Je veux
Mourir à force de vivre.

Vers le ciel, comme la mer,
Hausse-moi par la tempête.
Sois le sabre ayant l'éclair
Quand il décolle une tête.

Les deux Couronnes

Qu'on laisse Timour gouverner la terre,
    Qu'il soit le grand roi !
Moi, je mets ma gloire, au sein du mystère,
    A vivre pour toi.

Qu'il fasse plier l'Asie à ses armes,
    Et l'Europe avec !
Je me crois plus riche, ayant les seuls charmes
    De ton profil grec.

Qu'il compte dans l'air l'acier qui flamboie,
    Quand il dit : « Je veux ! »
J'aime mieux compter les longs fils de soie
    Qui sont tes cheveux.

Qu'il soit enivré du son des trompettes,
    Des cris du vautour !
J'aime mieux, tout bas, que tu me répètes
    Quelque mot d'amour.

Il est seul, ce dieu, seul sur la poussière
    Des hommes broyés.
Plus que son palais, ma hutte est princière ;
    J'y vis à tes pieds.

Pour se rafraîchir, après le ravage,
    Il n'a que du vin.
Quand ma lèvre a soif, elle a pour breuvage
    Ton baiser divin.

Si Timour savait combien ta caresse
    Fait de bien au cœur,
Esclave il voudrait t'avoir pour maîtresse,
    Timour le vainqueur.

Mais il n'en sait rien, il est trop superbe,
    Il fait trop de bruit.
Oh ! cachons-nous bien, cachons-nous dans l'herbe !
    L'amour veut la nuit.

Les Cygnes

Ton âme est un lac d'amour
Dont mes désirs sont les cygnes.
Vois comme ils en font le tour,
Comme ils y creusent des lignes !

Voyageurs aventureux,
Ils vont, les ailes ouvertes.
Rien n'est ignoré par eux,
Des flots bleus aux îles vertes.

Bruyants et pompeux, les uns
Sont d'un blanc que rien n'égale,
Désirs nés dans les parfums,
Par un soleil de Bengale.

D'autres sont muets et noirs,
Avec un air de mystère,
Désirs nés pendant les soirs,
Quand tout s'endort sur la terre.

Sans nombre sont ces oiseaux
Que ton âme voit éclore.
Combien déjà sur les eaux,
Et combien à naître encore !

Point de halte ! à tout moment,
D'arrivants le bord se charge.
Ceux d'hier pensivement
S'en vont alors vers le large.

Bientôt l'œil doit les laisser
Pour le présent qui réclame.
Eux ne cessent de glisser
Vers les profondeurs de l'âme.

Et dans un accord béni,
Sur ce cristal d'eau sans brumes,
On entend à l'infini
Frissonner au vent des plumes.

Le Sommeil de la Morte

Pourquoi ces vieilles femmes
Qui, de leurs doigts infâmes,
Vont souillant ce beau corps?
Pourquoi ces longues plaintes,
Pourquoi ces larmes feintes,
Ces funèbres décors?
Loin d'ici l'amertume!
Dans son plus beau costume,
Allons! qu'on la parfume,
Au son des doux accords!

Tant que dura sa vie,
Elle n'avait envie
De rien qui ne fût beau.
Elle cherchait la joie,
Et l'éclat de la soie,
Et l'éclat du flambeau.
Aussi, sans douleur sombre,
Il faut charmer son ombre
Par des gaîtés sans nombre
Autour de son tombeau.

Pendant qu'elle sommeille,
Gracieuse et vermeille,
Qu'on envoie un crieur
Annoncer à la foule
Dont, par les pleurs, s'écoule
Le deuil extérieur,
Que j'ouvre la poitrine
Au premier dont la mine
Contredira, chagrine,
Mon visage rieur !

FLEURS DE SANG

Sabre en main

J'ai mis à mon cheval sa bride,
  Sa bride et sa selle d'or :
Tous les deux, par le monde aride,
  Nous allons prendre l'essor.

J'ai le cœur froid, l'œil sans vertige.
  Je n'aime et je ne crains rien.
Au fourreau mon sabre s'afflige.
  Qu'il sorte et qu'il frappe bien !

Le turban autour de la tête,
  Sur mon dos le manteau blanc,
Je veux m'en aller à la fête
  Où la mort danse en hurlant ;

Où, la nuit, on brûle les villes,
    Tandis que l'habitant dort ;
Où, pour les multitudes viles,
    On est grand quand on est fort.

Je veux qu'à mon nom les monarques
    Tiennent leur tête à deux mains,
Que mon sabre enlève les marques
    Du joug au front des humains.

Je veux que l'essaim de mes tentes,
    De mes chevaux aux longs crins,
Que mes bannières éclatantes,
    Mes piques, mes tambourins

Soient sans nombre comme la horde
    Des mouches, quand il fait chaud,
Qu'à mes pieds l'univers se torde,
    Comprenant le peu qu'il vaut !

Le Serviteur d'Allah

Ma paupière étant assoupie,
J'ai vu l'ange au glaive de feu
M'apparaître, envoyé par Dieu.
Il m'a dit : « Tout sceptre est impie.
Que la servitude s'expie !
Je suis l'âme, sois l'instrument ;
Va massacrant et consumant
      Aveuglément.

« N'épargnant mâles ni femelles,
En l'honneur de moi, sans remords,
Fais des pyramides de morts.
Broie, en passant, sous tes semelles,
Les enfants roses aux mamelles,
Le tas maigre et courbé des vieux.
Songe que tu venges les cieux ;
      Sois orgueilleux.

« Mais quand, par les soirs de batailles,
Les vautours que nourrit ton bras
Fouilleront les corps les plus gras,
Lorsque des rois sans funérailles
Becs et dents mordront les entrailles,
Croise les mains en murmurant
La phrase sainte du Coran :
    « Dieu seul est grand. »

Combat singulier

J'avais une armure dorée,
J'avais un sabre d'acier clair,
J'avais une hache entourée
De diamants lançant l'éclair.

Et le divin ami des Perses,
Le soleil, recouvrait encor
Toutes ces lumières diverses
De sa grande lumière d'or.

Des troupes me suivaient, sans nombre,
En tous lieux ayant fait la loi,
Quand j'aperçus un homme sombre
Arrivant en face de moi.

Il avait de même une armée,
De même il arrivait vainqueur ;
Il connaissait ma renommée,
Je savais l'orgueil de son cœur.

Nous n'avions pas de faibles âmes
A souffrir sur terre un rival ;
L'un sur l'autre nous nous lançâmes,
Seuls, entre nos camps, à cheval.

Brunes étaient toutes ses armes,
Il portait un panache noir ;
Aux esprits de la nuit des charmes
Avaient relié son pouvoir.

Tout un jour dura la bataille ;
Nous n'étions jamais triomphants.
A notre bruit, à notre taille,
On eût dit des chocs d'éléphants.

Prenant leur part de notre peine,
Intelligents, cabrés, ardents,
Mon cheval blanc, le sien d'ébène
S'entre-déchiraient de leurs dents.

A la fin de notre journée,
Les chevaux étaient morts, et nous,
La peau par le fer sillonnée,
Nous nous traînions sur les genoux,

Sur la terre de sang trempée
A peine pouvant remuer,
De nos derniers tronçons d'épée
Nous nous cherchions pour nous tuer.

Le jour mourant livrait carrière
Au noir monde artificieux,
Quand son dernier jet de lumière
De mon rival frappa les yeux.

Cela me donna la victoire.
Pendant qu'il fermait son regard,
Selon ma tâche obligatoire,
Je l'achevai de mon poignard,

Lui disant : « Frère, meurs sans haine,
Comme je serais mort sans fiel ;
Le destin des êtres s'enchaîne
A la rotation du ciel. »

Triomphe

Quatre chevaux d'un blanc sans tache
Sont attelés à mon char d'or.
Dans la main je tiens une hache,
Sur le ciel bleu mon œil s'attache,
A mes pieds ma panthère dort.

La ville hier était immense;
Les hommes grouillaient par milliers.
Mais tout finit quand je commence.
Se croire fort! vaine démence,
Chute risible sous mes pieds!

Il fait une chaleur de forge,
Tant les palais flambent au vent.
On pille, on saccage, on égorge;
Demain il poussera de l'orge
Où fut tout ce fracas vivant.

Les vierges à part sont laissées.
Je leur ai dit : « Jetez des fleurs. »
Avec des poses cadencées,
Par elles des fleurs sont lancées
Au meurtrier de tous les leurs.

On épargne aussi les poètes.
Je leur ai dit : « Faites-moi Dieu. »
Ils ont pris la lyre des fêtes
Et chantent, assis sur des têtes,
Aux portes des palais en feu.

Le Supplice

C'est un sage, un saint, un derviche.
Gabriel vient le voir, dit-on.
— Qu'on le pende à cette corniche,
Par un crochet sous le menton.

Sa foi pénétrait dans les bouges ;
Il la déployait sur les rois.
— Qu'on mette à ses pieds des fers rouges,
De crainte qu'il ne les ait froids.

Son lit était fait de broussailles,
Sa peau trop maigre se trouait.
— Qu'on lui dévide les entrailles,
Avec lenteur, sur un rouet.

Quand il priait sur une tombe,
Les oiseaux l'écoutaient en rond.
— Régulièrement qu'il lui tombe
Une eau de glace sur le front.

Pour ne pas troubler une mouche,
A peine s'il respirait l'air.
— Qu'on emplisse de fiel sa bouche,
Et qu'on lui tenaille la chair.

Tremble qu'Allah ne se courrouce ;
A la Mecque il allait souvent.
— Qu'on l'écorche de façon douce,
Pour le garder longtemps vivant.

Ses prédictions toujours vraies
Lui valaient un culte public.
— Qu'on verse du plomb sur ses plaies,
Qu'on glisse en son cœur un aspic.

Accorde du moins qu'on l'enterre
Au champ des morts, avec les siens.
— Je veux, de par mon cimeterre,
Qu'on jette son cadavre aux chiens.

Bourreau dont le ciel se retire,
Que t'a fait cet homme divin ?
— Il disait vouloir le martyre.
Je n'aime pas qu'on parle en vain.

Le Festin

Les loups vont hurlant par troupeaux :
« Qu'a fait Timour de son glaive ? »
Loups, laissez Timour en repos ;
Venez où mon bras se lève.

« Gengis-Khan n'est plus ici-bas, »
Pense le chacal qui grogne.
Chacals, venez à mes combats ;
Vous aurez de la charogne.

« Plus de Mourad pour me nourrir ! »
Soupire à son tour l'hyène.
Hyènes, laissez-le pourrir ;
Suivez le vent de ma haine.

Soliman longtemps vous fut cher,
   Noirs corbeaux au bec rapace.
Plus que lui, je sème la chair
   Dans les pays où je passe.

Votre pourvoyeur fut Hakem,
   Vautours, amants des squelettes.
Je vous fais un nouveau harem;
   Préparez-vous, bruns athlètes.

Mais, carnassiers ailés ou non,
   Trop petit est votre nombre;
D'un tas de cadavres sans nom,
   Malgré vous, le sol s'encombre.

Pour engloutir tous ces flancs verts
   Il faut des faims plus voraces.
Vaillants, imperceptibles vers,
   A vous d'effacer leurs traces.

Ce que vous n'effacerez pas,
   C'est la laideur qui résulte
Des honneurs rendus à mon bras
   Par ce monde que j'insulte.

Ce que vous n'effacerez pas,
   C'est le dégoût qui m'assomme
Quand je vois impuissants et bas
   Tant d'hommes devant un homme!

L'Assassin

C'est toi, pauvre, fils de pauvresse,
Qui m'as frappé de ton couteau,
Pour sauver le peuple en détresse
Que je broyais dans un étau.

Quand roi, généraux et ministres
Se courbaient, glacés de terreur,
Devant mes volontés sinistres,
Chétif, tu bravas ma fureur.

Quand de la misère publique
Ceux qui tiraient les gros impôts,
Livraient la foule famélique
A mes coups, pour sauver leurs peaux ;

Toi sur qui le haillon se vautre,
Tu pensas, généreux et fier :
« C'est un homme, j'en suis un autre ;
Il a du fer, ayons du fer. »

Homme qui dévouas ta vie
Pour me tuer, moi, le tyran,
Dans la multitude asservie,
J'aime ton solitaire élan.

Mais n'as-tu pas conçu de doute
Sur le rêve qui te berça ?
Crois-tu, moi chassé de la route,
Que le monde eût changé pour ça ?

Écoute, je te fais le maître
De ceux dont ton cœur eut pitié ;
En apprenant à les connaître,
Je veux que tu sois châtié.

Sur eux si tu peux sans nausées
Étendre d'en haut ton regard,
Que mes couronnes soient brisées,
Et que j'aie au cœur ton poignard !

Le Lac des Morts

J'ai fondu toute une armée
Dans le profond alambic
D'une vallée enfermée
Entre des rochers à pic.

On a tout tué, de sorte
Qu'un lac de sang s'est formé
Où, sans prendre aucune escorte,
Dans un bateau j'ai ramé.

Il faisait nuit, et la lune
S'émerveillait de se voir,
Loin de la blancheur commune,
Toute rouge en ce miroir.

Autour de moi, quelque chose
Dans l'air se vaporisait,
Qui prenait un reflet rose
Quand un rayon s'y posait.

Et moi qui tenais la palme
De la victoire et du bruit,
Je sentis mon cœur si calme
Que je chantai dans la nuit :

« O morts, que pas un ne bouge !
Splendide est votre tombeau,
Avec ce linceul si rouge
Et ce si pâle flambeau.

« Dormez, les têtes coupées !
Vous rampiez, souffrants troupeaux.
J'ai fait luire les épées.
A vous l'éternel repos ! »

Et vague, douce, infinie,
La voix des échos chantait.
Du lac tiède, l'harmonie
Dans le ciel tiède montait.

Les Roches bleues

Renversez bien tous les empires,
Mes braves aux sabres sanglants;
De tous les monarques vampires,
De leurs serviteurs encor pires,
Des peuples, leurs jouets tremblants,
Percez les cœurs, ouvrez les flancs.

Mais de ce coin de roches bleues,
Dans un espace de vingt lieues,
Que tout point noir soit écarté.
Que vos chevaux, dans leur fierté,
Traînant les trônes à leurs queues,
Épargnent la simplicité.

Là des gens, sans or et sans princes,
Vivent au-dessus des brouillards,
Satisfaits de leurs moissons minces,
Prenant pour conseil leurs vieillards.
Nulle fange de mes provinces
Ne les souille, ces montagnards.

En se raillant de mes entraves,
Ils sauraient mourir, fiers et droits.
Oh ! qu'ils vivent, les bons, les braves !
Je n'ai, sous mes traits durs et froids,
De mépris que pour les esclaves,
Et de haine que pour les rois.

Les Sauterelles

Nous étions un million d'hommes,
Anéantissant les Sodomes
　Par la flamme et par le fer ;
Notre souffle desséchait l'herbe ;
Rien n'échappait, homme ni gerbe ;
　Nous hurlions comme l'enfer ;

Lorsque parut une autre armée,
Innombrable, inaccoutumée,
　Dont un bruit sourd s'élevait.
Montagnes brunes, plaines vertes,
Par cette armée étaient couvertes,
　A croire que l'on rêvait.

C'était le tas des sauterelles
Au corps massif, aux jambes grêles,
  A l'insatiable faim.
On eût dit une mer immense
Qui sur aucun bord ne commence,
  Qui nulle part n'a de fin.

Hommes, chevaux, engins de guerre,
Tout ce qui triomphait naguère
  S'engloutissait là sans bruit.
Ils grouillaient, grouillaient, les insectes,
Et, par leurs morsures abjectes,
  L'invincible était détruit.

Il fallut nous enfuir rapides.
Nos soldats les plus intrépides
  De terreur fermaient les yeux.
Or, prenant une sauterelle,
Un fakir lut écrit sur elle
  Ce quatrain mystérieux :

  « Notre ponte peu féconde
  Est de quatre-vingt-dix-neuf.
  En pondant chacune un œuf
  De plus, nous aurions le monde. »

Épuisement

Maintenant que mes armées
Ont fait partir en fumées
Les monarques et les cités ;
Qu'il n'est, dans toute l'Asie,
Qu'une loi : ma fantaisie,
Qu'une gloire : mes cruautés ;

Que les intrépides brutes
Qui m'ont servi dans mes luttes,
Du meurtre en moi soutiens constants,
Ont si bien rougi leurs piques
Que les poètes épiques
En auront pour plus de cent ans ;

Il est temps que je m'en aille,
Laissant ma fauve canaille
S'entre-tuer. Les chefs sont prêts.
Crapaud, chat, hibou, couleuvre,
Ils seront si chauds à l'œuvre
Qu'il n'en restera rien après.

Moi, las de mon métier rude,
J'en viens à la certitude
Que j'ai broyé le monde en vain.
Rien ne change par le glaive.
Mieux vaut, pour bâtir un rêve,
La moindre coupe avec du vin.

FLEURS DE VIN

Ivresse douce

ÉCHANSON, couronne mon verre
De fleurs aux aromes divers.
Boire en silence est trop sévère;
Prends ta lyre, et dis-moi des vers.

Vertige et cadence! j'adore
Les parfums dans ma coupe d'or.
Lorsque résonne ta mandore,
Un rêve plus moelleux m'endort.

En ce monde, tout est futile,
Quoi que l'on dise de subtil,
Hors la coupe d'or qui rutile,
Le tendre accord, le frais pistil.

Verse tout cela sans mesure,
Que de m'enivrer je sois sûr,
Et qu'au moins, par une embrasure,
Mon âme monte vers l'azur.

Ivresse sage

Jette du sable, ô ma main,
Sur les tristesses du monde.
O mon pied, prends le chemin
De la taverne profonde.

O ma lèvre, n'apprends pas
De rosaire monotone;
Avant mon premier faux pas,
Compte le vin que j'entonne.

O mon œil, laisse le ciel
Être d'azur ou livide,
Et vois, c'est l'essentiel,
Si ma coupe est pleine ou vide.

O ma robe, c'est en vain
Qu'on t'a mis des amulettes.
Qu'on les ôte, et que le vin
Te tache de violettes !

O mon cœur, point de souci.
La taverne est mal famée ?
Si l'ivresse est là, viens-y,
Et nargue la renommée.

Il n'est qu'un précepte sûr,
C'est d'éviter toute larme.
Le vin aime à rester pur ;
La moindre eau détruit le charme.

La Lanterne

J'ai beau vouloir souffler ma lanterne ;
Toujours la flamme y luit bel et bien.
Moi, l'homme fort que rien ne consterne,
Je souffle encore, et je n'éteins rien.

Se dérobant, cette flamme adroite,
Mieux qu'un jongleur, me fait mille tours.
Je souffle à gauche et je souffle à droite ;
Railleuse et claire, elle est là toujours.

Sa résistance attriste ma vie ;
Mais nous verrons, quitte à m'étrangler,
Qui, le premier, perdra son envie,
Le feu de luire, ou moi de souffler.

Or l'ouragan arrive en troisième
Qui, profitant de mon trop d'émoi,
Perfidement tranche le problème,
En renversant la lanterne et moi.

L'Échanson

Quand le bel enfant qui se voue
A m'offrir un vin coloré
Comme le sang frais d'une joue,
Au rêve qui de moi se joue,
M'ayant fait boire, m'a livré,

Il m'apparaît comme une vigne,
Une vigne de raisin mûr.
De loin, plus d'un voleur la guigne ;
Mais, contre leur audace insigne,
J'ai mis bonne trappe et bon mur.

Ses pieds et ses mains font les branches ;
C'est un amas de grappes blanches
Que couronne du raisin noir,
Son front aux pâleurs d'avalanches
Sous ses cheveux couleur du soir.

Puis voici qu'on fait la vendange,
Et la belle vigne se change
En une amphore aux sveltes flancs,
Où l'âme dort, vin sans mélange,
Où les anses sont deux bras blancs.

Et si je veux, de cette amphore,
Verser l'ivresse dans mon cœur,
Ce sont ses yeux noirs que j'implore,
Pour que mon rêve se colore
De sa beauté, claire liqueur.

Vacillement

Pourquoi voulez-vous que je rentre
    Coucher dans un lit,
Lorsque, de la cervelle au ventre,
    Le vin me remplit ?

Laissez-moi plutôt, par les routes,
    Aller de travers,
Puisque ainsi les choses vont toutes
    Dans notre univers.

Quel est le vrai, quel est le leurre ?
    La bête ou l'esprit ?
Qui vaut le mieux ? la raison pleure,
    Et l'ivresse rit.

Du vin, pour moi, ce qui compense
    Les pires effets,
C'est qu'ivre jamais je ne pense
    A ce que je fais.

Plus d'apothéose ironique !
    Plus de vains essors !
Je deviens une mécanique
    Avec des ressorts ;

De mon corps laissant la machine
    Aller et venir,
Sans chercher si sur mon échine
    Je puis me tenir.

Formes

Ne sois pas jaloux, ô mon échanson brun ;
Ma blonde berceuse, oh ! pas de jalousie.
Restez l'un et l'autre, harmonie et parfum,
Qu'à vos deux beautés le buveur s'extasie.

Avec grâce, enfant, remplis ma coupe d'or
D'un vin près duquel le rubis semble pâle.
Vierge, prends sur toi ma tête qui s'endort,
Et tends-moi ma coupe avec tes doigts d'opale.

Le ciel bleu n'a point la haine du soleil ;
La myrrhe n'a point la haine du cinname.
Enlacez-vous donc pour sourire au sommeil
Qui dompte mon corps en exaltant mon âme.

Vous vous éclairez l'un par l'autre si bien,
Tel est le contraste entre vos formes nues,
Que, s'il me manquait l'un de vous pour soutien,
Je ne pourrais plus m'enivrer sous les nues.

Pose-toi, colombe; aiglon, franchis l'azur.
Mon cœur cherche un nid, mon âme veut des ailes.
Rêver à vous deux, c'est en un joyau pur
Unir la rosée avec les étincelles.

L'Aumône

Échanson, va chercher, au coin de la place,
Un pauvre vieillard sans pieds, sans mains, sans yeux,
Qui, se laissant huer par la populace,
N'interrompt jamais son deuil silencieux.

Il a sur tout le corps un verdâtre ulcère ;
Nul soleil ne peut l'empêcher d'avoir froid.
De plus un souvenir le tient dans sa serre
Implacablement, c'est d'avoir été roi.

Échanson, de ma part, va dire à cet homme
Qu'il vienne avec moi boire ici, que mon vin
Donne ce que la terre a de mieux en somme,
L'oubli, le sommeil, tout ce qui n'est pas vain.

Ivre, quoique sans yeux, il verra des flammes
Tracer devant lui des dessins fabuleux,
De mobiles dessins pareils à des âmes,
De leurs ailes d'or fendant les Édens bleus.

Adieu la pauvreté, les haillons, la plaie ;
Il n'aura plus froid, ne se souviendra plus.
Point de réel menteur ! l'illusion vraie
Où nul cœur ne souffre, où nul corps n'est perclus.

Va le chercher ! ma coupe est la seule chose
Où ses maux pourront trouver leur guérison.
Le reflet de ses pleurs y deviendra rose,
L'écho de sa plainte y deviendra chanson.

L'Araignée

A la place de mes idées
Que dans ma coupe j'ai vidées,
A les y noyer résolu,
J'ai dans la tête une araignée
A tapisser embesognée,
Ayant longs bras et corps velu.

Elle tisse dans ma cervelle
Sans cesse une chose nouvelle,
Que sans cesse je trouve bien.
Et, tout en tissant, elle chante
Un vers mystique qui m'enchante ;
Car je n'y puis comprendre rien.

Merveille de miséricorde,
Elle a d'abord tissé la corde
Où j'ai pendu mon vieux chagrin.
Elle a tissé les fines trames
Dont les perles qui sont mes femmes,
Pour se voiler, font leur écrin.

Elle a tissé des galeries
Pleines d'arabesques fleuries,
Pour que j'y loge mes gaîtés;
Et de peur que son cher ivrogne,
En marchant, aux murs ne se cogne,
Elle a rembourré les côtés.

Sans prendre un denier dans ma bourse,
Elle tissera la Grande-Ourse
Et les Pléiades, si je veux;
Et j'aurai cette joie immense
De sentir un ciel qui commence
Aux racines de mes cheveux.

Mais pour l'instant la bête est triste;
Il faut du vin à cette artiste.
Enfant, à m'en verser sois prompt,
Pour que j'amuse l'araignée,
Si douce quand, de vin baignée,
Elle me chatouille le front.

Ivresse lumineuse

Encor du vin ! encor des chants de lyre !
    Encor des flambeaux !
Encor du ciel où tournent en délire
    Des astres plus beaux !

Du vin ! du vin, fait de flammes sanglantes,
    De rubis ardents,
Rongeant mon cœur aux fibres pantelantes,
    Comme avec des dents !

Du vin ! du vin ! l'ivresse immesurée,
    L'ivresse à saisir
Tout ce qui flotte, à travers l'empyrée,
    D'âme et de désir !

Encor du vin ! Chassons dans la poussière
    La réalité.
Encor ! encor ! Buvons de la lumière
    Et de la beauté !

Les Ailes brisées

Ma coupe a la rondeur du ciel,
Mon vin la lueur des étoiles ;
Mon ivresse arrache les voiles
Qui couvrent l'immatériel.

N'ayant pas bu, quoi que je fasse,
Je frissonne au nom seul d'Allah ;
Ivre, je perds ces craintes-là,
Et je l'affronte face à face.

Tout ce que dans son bourbier noir
Me cache la raison qui rampe,
Aux folles lueurs de sa lampe
Le délire me le fait voir.

De mon cerveau des étincelles
Montent, dévorant l'infini.
L'ange trop longtemps impuni,
Sent ce feu lui brûler les ailes.

J'écrase le soleil du poing ;
A mon souffle, l'azur se crève.
Tout serait vaincu par mon rêve,
Si je ne me réveillais point.

Je me réveille et perds ma gloire.
Mais il reste encore un moyen
De réduire le ciel à rien :
N'y plus penser et n'y plus croire.

Regardons en bas pour qu'en vain
Le ciel là-haut brille ou se voile.
Oh ! le ciel l'emporte ! une étoile
Se reflète encor dans mon vin.

LA MOSQUÉE

Celui qui est

Dans le vent se perdent les ailes,
Les sons de lyre dans le bruit,
Dans le brasier les étincelles,
Nos rêves à tous dans la nuit.

Le monde est une souricière
Où le plaisir mène au remord,
Où l'amour mène à la poussière,
Où l'action mène à la mort.

Et le temps roule, cercle énorme,
Autour d'un immobile essieu.
Et rien ne change que la forme,
Et rien ne demeure que Dieu.

Sur les Cimes

Ma mosquée est une forêt
A l'impénétrable mystère ;
J'ai choisi pour mon minaret
Une montagne solitaire.

Qu'un muezzin à la cité
Chante l'heure où l'on se recueille.
Cet instant-là m'est mieux chanté
Par l'oiseau blotti sous la feuille.

Qu'on fouille livre et manuscrit
Pour tâcher d'éclaircir ses doutes,
Les preuves que cherche l'esprit,
La nature les donne toutes.

Chacun se déchausse au saint lieu.
Respect mesquin qui n'est qu'un leurre !
Le monde est ma maison de Dieu ;
C'est pourquoi, pieds nus, j'y demeure.

Pas de temples, pas de hangars
Étouffant le cœur sous des pierres !
Il faut le ciel à mes regards,
Quand je lève en haut mes paupières.

Des murailles sont de la nuit,
Et des coupoles sont des voiles.
Nombre de flambeaux y reluit.
Pour prier, j'ai mieux : les étoiles !

Prière pour l'Ablution

Au nom du Dieu bon qui protège !
Grâces à Dieu qui fit l'Islam !
Mon Dieu, prends-moi dans ton cortège,
Près de Moïse et loin de Cham.

Pour qu'ils perçoivent tes merveilles,
Descends purifier mes yeux,
Et purifier mes oreilles,
Que ton ordre y pénètre mieux.

Purifie aussi ma narine
Et mon gosier, si bien que l'un
Puisse professer ta doctrine,
L'autre respirer ton parfum.

De ta splendeur blanchis ma face,
Pour qu'au jugement sans merci,
De mes traits toute ombre s'efface,
Loin des méchants au front noirci.

Fais que ma main droite mérite
De tenir un jour, devant toi,
Le livre où ma vie est écrite,
La gauche d'être sans emploi.

Couvre de ta miséricorde
Mes cheveux; affranchis mon cou,
Que plus tard ni chaîne ni corde
Ne soient en enfer mon licou.

Affermis mon pied pour qu'il passe
Sur le pont plus mince qu'un fil
Où chacun, alors qu'il trépasse,
De tomber court si grand péril.

Mon Dieu, que ta pitié m'assiste !
Mon cœur te loue et se soumet.
Pas d'autre dieu que Dieu n'existe,
Et son prophète est Mahomet.

Piété salutaire

Un bon Musulman, près du Gange,
Cheminant par un jour d'été,
Vit soudain sortir de la fange
Un crocodile bien denté.

Pour fuir, il détourne la tête.
Un tigre noir, montrant la dent,
A bondir est là qui s'apprête.
Les deux monstres se font pendant.

Le Musulman, pâle, immobile,
Ne sait ce qui doit mieux valoir
De la gueule du crocodile
Ou de celle du tigre noir.

A se prosterner lors il songe,
Pour ne pas mourir mécréant.
Et dérouté le tigre plonge
Dans le crocodile béant.

Respect de Soi-même

Un des docteurs qui font école,
Hier, de très loin, vint ici
Savoir dans quel but je m'isole,
Et si du Coran j'ai souci.
Sans rompre d'un regard frivole
La fixité que j'ai pour loi,
Je ne dis pour toute parole
A cet homme que : « Laisse-moi ! »

Quand Fatma, fille du prophète,
Rose blanche de la pudeur,
Auréole du ciel en fête,
Dont un cœur pur fut la splendeur,
Se sentit mourir, sa requête
Fut qu'on la mît dans son cercueil
Sans avoir dévoilé sa tête
Que d'un mortel souillerait l'œil.

La sainte qui s'est élancée
Là-haut, sans tache et sans remords,
Cadavre, se fût offensée
Qu'un profane entrevît son corps.
Quelle impudeur plus insensée
Serait-ce, au gré d'un inconnu,
De déshabiller ma pensée
Et de mettre mon âme à nu !

L'Anniversaire

C'est aujourd'hui qu'on est en larmes,
Qu'on revêt les habits de deuil,
Que la foule fait les vacarmes
En usage autour d'un cercueil ;

Car c'est aujourd'hui que le juste,
Le clairvoyant, celui qu'aima
Entre tous le prophète auguste,
Hussaïn, le fils de Fatma,

Après son père, après son frère,
Tous deux déjà martyrs et saints,
Sous le règne de l'arbitraire,
Fut tué par des assassins.

Les siens étaient soixante-douze.
Derrière un tertre il avait mis
Ses jeunes enfants, son épouse.
Dix mille étaient les ennemis.

Sous un ciel de feu, rien à boire !
Dix jours, le monde eut ce tableau.
Les hommes y gagnaient la gloire.
Les enfants demandaient de l'eau.

Enfin haché, méconnaissable,
Hussaïn à terre roula,
Et le sang fut bu par le sable
Dans le désert de Kerbéla.

Aussi, depuis l'aube, les bêtes
Pleurent dans les bois ; et du ciel
Les gouttes tombant sur nos têtes
Sont amères comme le sel.

Seul, je ne pleure pas, j'envie
Celui qui, pour l'amour d'Allah,
Vint souffrir et donner sa vie
Dans le désert de Kerbéla.

La Nuit Sainte

A l'occident, à l'orient,
Des savants à quoi bon les veilles ?
J'ai vu cette nuit, en priant,
Ce qu'ils n'ont pas vu : des merveilles !

En vain ils ont fait mille apprêts,
Des calculs jusqu'à la syncope ;
Il s'agissait là de secrets
Voulant la foi pour télescope.

Car c'était la plus sainte nuit
Des sept nuits saintes de l'année,
Celle dont à l'homme éconduit
La date n'est jamais donnée ;

LA MOSQUÉE

La nuit où prier une fois
Compte plus que mille prières
Dans le reste des douze mois ;
La nuit où le sable et les pierres,

Les métaux et les diamants,
L'air et l'eau, la glace et la flamme,
Tout le chaos des éléments,
Pour s'unir à Dieu, prend une âme.

La lave, aux cratères béants,
Reluit alors sans qu'elle fume ;
La vague, dans les océans,
Perd un instant son amertume.

L'air fait gazouiller le zéphyr
Et force l'orage à se taire.
Émeraude, opale, saphir
Surgissent du sein de la terre.

D'éclat, de beauté, de douceur,
C'est une lutte universelle,
Entre l'astre dans sa grosseur
Et la perle dans sa parcelle.

Et grâce au pouvoir des versets
Récités par moi, grâce au nombre
De mes jeûnes, je saisissais
Le mystère remplissant l'ombre.

Tout l'univers inanimé
Vivait. Un trouble taciturne,
Pour atteindre à l'Être innommé,
Montait en amour de cette urne.

Et poème hindou, psaume hébreu
N'ont pas d'accents si grandioses
Qu'ils vaillent, pour adorer Dieu,
Ce chœur muet, montant des choses.

La Dépouille du vieil Homme

J'ai fait des strophes à la lune,
Ravi qu'un rossignol chantât;
J'ai bu dans le vin la fortune;
Je fus amant; je fus soldat.

Femme, triomphe, ivresse, rêve,
Que reste-t-il de tout cela?
Que reste-t-il, quand on la lève,
D'une tente qu'on déroula?

Ma poésie et ma maîtresse,
A présent, c'est Dieu; c'est en lui
Qu'est la coupe de mon ivresse;
Et pour glaive j'ai son appui.

Quelle sensation d'épaule,
De chevelure, peut valoir
Cette ardeur ayant Dieu pour pôle,
Ayant l'infini pour espoir ?

Quels vins à la lueur pourprée
Peuvent donner l'effarement
De l'espace et de la durée
Dans la coupe du firmament ?

Que sont les bataillons qu'on range,
La force et le bruit d'un instant,
Près du bras levé de l'archange
Qui, pour frapper le monde, attend ?

Mon poème d'à présent porte
Une page ; et la page un mot :
DIEU ! — chefs-d'œuvre de toute sorte,
Vous n'atteindrez jamais si haut.

O maître, je te remercie
De m'avoir jadis donné tout.
La terre, comme une vessie,
Était vide, et j'en eus dégoût.

O principe, je te rends grâce !
Après le pouvoir meurtrier,
Je te dois ce qui le dépasse :
La solitude pour prier.

Rien ne m'y semble un poids, ni d'être
Un mangeur d'herbe et de roseaux,
Ni, dans la posture du prêtre,
De m'user la peau jusqu'aux os,

Ni de sentir, quand je me couche,
Les nuits noires, dans les cailloux,
Sur ma face passer, farouche,
Le flair des chacals et des loups,

Pourvu que mon cœur s'y pénètre
De la sagesse et de l'amour
Que, sur tout ce que tu fis naître,
Tu distilles avec le jour.

Les Anges trompés

Monkir et Nékir, les deux anges
Chargés des funèbres vendanges
Où l'on cueille l'âme des morts,
Les ministres à l'aile noire
Du premier interrogatoire,
Lorsque dans la tombe est le corps,

Ayant passé près de la pierre
Où, m'absorbant dans la prière,
Je reçois la pluie et le vent,
Virent ma face si blafarde
Qu'ils montèrent longtemps la garde
Pour savoir si j'étais vivant.

L'un d'eux par les cheveux me tire,
Et l'autre augmente ce martyre
En me chatouillant sous les bras.
Je reste inerte. De leurs pointes
D'épée ils piquent mes mains jointes.
Mes mains jointes ne bougent pas.

Alors Monkir : « Jamais la vie
Ne fut à ce point asservie
Par la volonté d'un humain ;
Cet homme est mort. » Plus formaliste,
Nékir dit : « Absent sur ma liste !
Par prudence attendons demain. »

« Vois, disait Monkir, ce squelette ;
Du sépulcre seul c'est l'emplette,
Ces yeux vitreux, fermés toujours. »
Nékir lui répondait : « Sans doute
Il est mort de faim sur la route.
Mais je ne vois pas de vautours ! »

Et Monkir : « C'est qu'il est trop maigre ! »
Là-dessus la face de nègre
Des terribles anges sourit.
Il poursuivit : « Que sert d'attendre ? »
Et Nékir : « Soit ! allons le prendre,
Bien que ce ne soit pas écrit. »

Mais l'ombre du soir marquant l'heure
De la prière extérieure,
Je commençai l'ablution;
Et les anges, voyant la chose,
S'envolèrent d'un air morose,
Pour cacher leur déception.

Plus haut

J'ai soif de sentir, de connaître,
D'avoir ce que mon cœur rêva ;
S'il est un monde à part, d'en être,
J'ai soif d'aller où nul ne va.

La science a bien une lampe ;
L'aile lui manque pour le vol.
C'est la luciole qui rampe.
A quoi bon briller sur le sol ?

La prière a bien l'aile forte ;
Elle s'envole dans le noir.
L'infini la baigne. Qu'importe
D'atteindre aux choses, sans les voir ?

Je veux planer dans la lumière,
M'ouvrir un ciel illuminé,
Trouver, en dehors de l'ornière,
De quoi pouvoir être étonné.

Comment! là-haut je verrais poindre
Toutes les constellations,
Sans en avoir conquis la moindre
Par tant de contemplations!

J'aurais sans fin, vers une idée,
Levé les yeux, tendu les bras,
Sans qu'elle soit escaladée
Par mon cœur étouffant au bas!

Dans cette lutte redoutable,
Je serai vaincu, non soumis.
Je n'accepterai point l'étable
Où les hommes sont endormis.

La magie enseigne un breuvage
Pour mener à l'inexploré :
Ciel, enfer, sur quelque rivage
Qu'il me jette, je le boirai.

Mon Dieu! pardonne-moi mon crime
D'oser violer tes décrets.
Le poids de l'infini m'opprime.
De toi je veux être plus près!

SONGES D'OPIUM

Tournoiement

Sans que nulle part je séjourne,
Sur la pointe du gros orteil
Je tourne, je tourne, je tourne,
A la feuille morte pareil ;
Comme à l'instant où l'on trépasse,
La terre, l'océan, l'espace,
Devant mes yeux troublés tout passe,
Jetant une même lueur ;
Et ce mouvement circulaire,
Toujours, toujours, je l'accélère,
Sans plaisir comme sans colère,
Frissonnant malgré ma sueur.

Dans les antres où l'eau s'enfourne,
Sur les inaccessibles rocs,
Je tourne, je tourne, je tourne,
Sans le moindre souci des chocs.
Dans les forêts, sur les rivages,
A travers les bêtes sauvages,
Et leurs émules en ravages,
Les soldats qui vont sabre au poing,
Au milieu des marchés d'esclaves,
Au bord des volcans pleins de laves,
Chez les Mogols et chez les Slaves,
De tourner je ne cesse point.

Soumis aux lois que rien n'ajourne,
Aux lois que suit l'astre en son vol,
Je tourne, je tourne, je tourne;
Mes pieds ne touchent plus le sol.
Je monte au firmament nocturne;
Devant la lune taciturne,
Devant Jupiter et Saturne,
Je passe avec un sifflement,
Et je franchis le Capricorne,
Et je m'abîme au gouffre morne
De la nuit complète et sans borne,
Où je tourne éternellement.

L'Homme-Océan

L'Océan devant moi s'étendait ;
Le soleil reluisait sur la vague ;
Et mon œil au lointain regardait
Onde et feu se mêler dans le vague.

Et du flot ne pouvant fuir l'attrait,
Sur le roc je me mis à plat ventre,
Le cou droit, la prunelle en arrêt,
Le gosier distendu comme un antre.

A ma bouche arriva l'Océan.
Il entra, la prenant pour gouttière.
Il fallait que mon corps fût géant,
Car la mer s'y logea tout entière.

Et voyez! maintenant c'est en moi
Que commence et finit la tempête;
Mes poumons aux courants font la loi,
Et le flux retentit dans ma tête.

J'ai les os en corail, et mes reins
Sont remplis de varechs sédentaires :
Esturgeons, cachalots, veaux marins
Font des bonds à travers mes artères.

Des serpents vont grouillant par monceaux
Dans les flots dont mon cœur est la source;
La baleine aux évents colossaux
Fait craquer mon échine en sa course.

Et ceci durera jusqu'au jour
Du dernier, du plus grand des désastres,
Quand, la vie ayant fui sans retour,
Au néant rouleront tous les astres.

Végétation souterraine

Dans un précipice
Très longtemps je glisse,
    Cherchant
Si je suis fantôme,
Ou jouet d'un gnome
    Méchant.

L'abîme m'emporte.
Je trouve une porte
    Au bout.
Elle s'ouvre. J'entre
Dans le rocher, centre
    De tout.

Là, je vois des lignes
D'animaux indignes
    Du ciel,
Oiseaux et reptiles
Aux gueules fertiles
    En fiel ;

Multitude immonde
Qui couvrit le monde
    Jadis,
Monstres au déluge
Par le divin juge
    Maudits.

Plus loin se déroule
Une vaste houle
    De feu ;
Dans le milieu bouge
Une hydre au corps rouge
    Et bleu.

Ses langues vivaces
Par mille crevasses
    S'en vont,
En haut, sur la terre,
Lécher le cratère
    Qui fond.

A l'entour se range
Un bois d'un étrange
    Effet;
Tout ce qu'il renferme,
De métal qui germe
    Est fait.

C'est de là, pour vivre,
Que plomb, fer ou cuivre,
    Tout sort,
Puis au loin rayonne,
Selon que l'ordonne
    Le Sort.

L'immense ramure,
Rendant d'une armure
    Le bruit,
Près de la fournaise,
En teintes de braise,
    Reluit.

Ce ne sont que voûtes,
Que piliers de toutes
    Couleurs,
Des colliers, des fresques
Et des arabesques
    De fleurs.

L'argent en rosées
Se mêle aux fusées
   D'or fin ;
Cela s'entortille
Et cela pétille
   Sans fin.

Mais l'éclat féerique
Et le chimérique
   Concert,
Tout dans l'épouvante,
Pour l'âme vivante,
   Se perd.

Car parfois une ombre,
Sur les feux sans nombre
   Passant,
Sur moi, de la voûte,
Verse, goutte à goutte,
   Du sang.

Le Squelette

Coiffé du turban, et dans mon miroir
    Venant pour me voir
    En grande toilette,
Au lieu de mon corps nerveux où l'on sent
    Circuler le sang,
    Je vis un squelette.

Je ne pouvais faire aucun mouvement,
    Sans qu'exactement
    L'autre fît de même.
Brisant mon miroir, j'en pris un second.
    Espoir infécond !
    J'en pris un troisième.

Toujours le squelette aux orbites creux,
    Le squelette affreux
    Surgissait en face.
Je me sauve alors, plus prompt qu'un coureur,
    Sans qu'à ma terreur
    Il soit rien qui fasse.

Sentant à mon front un cercle de fer,
    Une soif d'enfer
    Me brûlant la bouche,
Je trouve en chemin un lac frais et bleu ;
    Pour y boire un peu,
    Au bord je me couche.

Dans l'onde où le ciel mire ses oiseaux,
    Où des verts roseaux
    La fleur se reflète,
Mon image seule échappe à la loi ;
    En place de moi,
    Surgit un squelette.

Je fuis de nouveau. Le spectre me suit.
    A travers la nuit,
    Il prend mille formes.
La montagne semble un crâne sans chair.
    Les arbres ont l'air
    D'ossements énormes.

Même un grand nuage, au milieu du ciel,
        Sur le haut duquel
        La lune s'arrête,
Présente à mes yeux l'aspect effrayant
        D'un squelette ayant
        La lune pour tête.

Les Crocodiles

Mon empire, c'est le lac Jaune
Plein de crocodiles glacés
Qui font cercle autour de mon trône,
Comme des gardes cuirassés.

Ils rampent sur leur ventre rude,
Ouvrent leur gueule aux longues dents,
En quêtant comme d'habitude
Quelque chose à mettre dedans.

Mais pas un buffle, dans le fleuve,
Baignant à demi son poitrail;
Pas de girafe qui s'abreuve,
Pas de nègre, pas de bétail.

Aussi, voyant arriver l'heure
Où ces bêtes mourront de faim,
A leurs plaintes d'enfant qui pleure
Je cherche comment mettre fin.

Et pour calmer une torture
A laquelle je compatis,
Je livre mon corps en pâture
A leurs énormes appétits.

D'abord je m'arrache le foie,
Je le leur jette palpitant.
Un des crocodiles le broie
Et l'engloutit en un instant.

Les intestins viennent ensuite,
Le cœur, la rate et les poumons.
Tout cela disparaît plus vite
Que les larves dans les limons.

Les jambes sont des parts plus grosses;
Les monstres s'y jettent plusieurs.
Mais si profondes sont les fosses
Au ventre de ces fossoyeurs!

Alors dans deux rouges mâchoires
Je plonge mes bras tout entiers.
Comme des lambeaux illusoires,
Deux coups de dents les ont broyés.

Et sans cesse ils ouvrent la gueule
En nombre sans cesse grossi.
De moi la tête reste seule.
Par pitié, je la donne aussi.

Un craquement détruit mon crâne ;
Ma cervelle se sent mourir.
Mais du ciel il faudrait la manne
A ces bêtes, pour les nourrir.

Du fond de l'étrange demeure,
Malgré mon dévoûment martyr,
J'entends, comme avant que je meure,
Le sanglot de la faim sortir.

La Recherche du Tombeau

J'étais, dans la pose où l'on prie,
Au milieu d'une galerie
Pareille aux contes de féerie.

A gauche, à droite, des piliers,
De grands piliers noirs par milliers,
Fuyaient en deux rangs réguliers.

Sur le pavé de mosaïque
Où sont en langue chaldaïque
Les mots divins craints du laïque,

A gauche, la mer qui hurlait,
Entre les fûts au noir reflet,
Jetait son écume de lait ;

A l'opposé, tout semblait vide ;
Le néant, dans l'ombre livide,
Ouvrait une mâchoire avide.

Tout à coup voici qu'une main,
Main sans bras, n'ayant rien d'humain,
Se dressa pâle en mon chemin.

Cette main tenait une lampe.
Plus qu'à voir un serpent qui rampe,
L'horreur frissonnait sur ma tempe.

Et s'échappant je ne sais d'où,
Semblable à la voix du hibou,
Une voix souffla dans mon cou :

« Lève-toi ! Prends la lampe sombre.
Le temps est venu, vieux décombre,
D'aller t'enterrer dans cette ombre.

— M'enterrer ! Quel est cet endroit ? »
Et je tâtai mon corps du doigt,
Et je sentis que j'étais froid.

Sur ma dépouille mortuaire,
Comme une œuvre de statuaire,
A plis droits tombait le suaire.

Et, la lampe en main, je pus voir,
Au côté droit du long couloir,
Un tombeau blanc par pilier noir.

Mais en vain, sans que je m'arrête,
Mouillé, glacé par la tempête,
D'un lit pour moi je vais en quête ;

Avec mon vacillant flambeau,
Entr'ouvrant mes yeux morts, j'ai beau
Regarder dans chaque tombeau ;

Par Dieu, dans l'allée infinie,
Nulle pierre ne m'est fournie
Où poser ma longue insomnie.

Les tombeaux, en nombre insensé,
Dans lesquels mon œil s'est glissé,
Tous ont déjà leur trépassé !

Nénuphars

Au bord du lac, je rêve et me recueille ;
Le vent du soir incline les roseaux.
En vains regrets mon cœur triste s'effeuille ;
Les nénuphars s'effeuillent sur les eaux.

Les nénuphars s'effeuillent sur les eaux,
Voguent au large ainsi que des nacelles,
Puis tout à coup s'envolent en oiseaux,
Au firmament ouvrant leurs blanches ailes.

Au firmament ouvrant leurs blanches ailes,
Ils vont, ils vont, toujours plus loin des yeux ;
Déjà leurs corps lancent des étincelles.
Chaque oiseau blanc est une étoile aux cieux.

Chaque oiseau blanc est une étoile aux cieux ;
Et maintenant chaque étoile brisée
Tombe et devient, dans l'air silencieux,
La goutte d'eau, perle de la rosée.

La goutte d'eau, perle de la rosée,
Fait refleurir nénuphars et roseaux.
L'ivresse calme, à son tour, s'est posée
Sur mon cœur triste, errant au bord des eaux.

Le Luth

Immense tapis d'herbe,
La pelouse est superbe.
A l'entour sont rangés
  Des orangers.

Dans le milieu s'élève,
Moins matière que rêve,
Un bloc étincelant,
  Tant il est blanc.

Et sur le bloc énorme
S'appuie un luth de forme
Plus merveilleuse encor,
  Et tout en or.

A travers un nuage
La lune qui voyage,
Montre parfois ses traits,
   Pour fuir après.

Par la lumière blanche
Qui de l'azur s'épanche,
Éclairé tout d'abord,
   Le luth ressort.

Et sitôt que la lune
Des cordes touche l'une,
La corde a le frisson
   Et jette un son,

Si bizarre et si tendre
Que les nids à l'entendre
Tressaillent, en cherchant
   Quel est ce chant,

Si plein de molles choses
Que, dans le cœur des roses,
Cela semble un secret
   Qu'on surprendrait.

Alors mon corps qui plonge
Dans l'herbe et qui s'allonge,
Et qui, pour jouir mieux,
   Ferme les yeux,

Brisant la loi physique,
Entre, avec la musique,
Dans le monde enchanteur,
Sans pesanteur.

L'Ordre universel

Sous une haute colonnade,
Dans un palais de marbre blanc,
Je dirige ma promenade
D'un air auguste et d'un pas lent.

De là je domine une ville
Où tout est marbre également,
Une ville immense et tranquille,
Sous l'azur d'un clair firmament,

Une ville avec ses coupoles,
Ses escaliers, ses ponts, ses tours,
Ses apparitions d'idoles,
Son fleuve au majestueux cours.

Des rochers en amphithéâtre,
Où pas un contour n'est heurté,
Élèvent leur cime bleuâtre
A l'horizon de la cité.

Le long des innombrables voies,
Sur les terrasses et sur l'eau,
La foule s'agite, et ses joies
Font vivre partout le tableau.

Mais à cette magnificence,
Cette gaîté, ce mouvement,
Ce qui donne de la puissance
Pour m'attirer magiquement,

Ce n'est pas telle ou telle sorte
De ciel, de ville, d'horizon,
Une foule plus ou moins forte
Peuplant la rue et la maison ;

C'est l'équilibre, l'harmonie,
L'absence d'une aspérité,
Une impression infinie
D'ordre dans la diversité.

Là rien qui soit trouble ni gêne,
Ni l'ennui que partout ailleurs
Cause un détail fâcheux qui traîne
Dans les ensembles les meilleurs.

Le temple au seuil garni de marches
Avec la fontaine est d'accord;
Le fleuve se marie aux arches
Qui se complètent par le bord;

Et d'après les lois éternelles
Rhythmant ses gestes familiers,
La foule est douce à mes prunelles
Comme un cours d'astres réguliers.

Dédoublement

Je suis étendu dans la boue,
Incapable de faire un pas;
Il viendrait la plus lourde roue
Que je ne me lèverais pas.

Contre un poteau mon front s'appuie;
En haut, un homme est empalé;
Mordant mes haillons, une truie
Pousse un grognement désolé.

De l'eau tombe, froide et gluante,
D'un ciel noir comme le remords;
Une vermine remuante
Ronge mon corps pareil aux morts.

Cependant, couverte d'un voile
Qui l'enroule en plis gracieux,
Jetant une lueur d'étoile,
Une forme sort de mes yeux.

Avec lenteur elle s'allonge,
Elle s'éloigne lentement,
Vers mon bourbier privé de songe
Tournant la tête par moment.

A l'horizon quand elle arrive,
Voici que le noir horizon
D'une immense lueur s'avive,
S'épanouit en floraison.

Parmi les lys à tige fière,
Les jasmins, les rosiers moussus,
Serpente une large rivière ;
Une barque ondule dessus,

Barque à la courbe égyptienne,
Avec figures aux deux bouts.
En poupe, une musicienne
Tient sa harpe sur les genoux.

La forme aux blanches draperies
Sur la barque vient se dresser ;
Parmi les lointaines féeries
Celle-ci se met à glisser ;

Et l'être couvert de mystère,
Au firmament occidental,
S'évapore, loin de la terre,
Sous des portiques de cristal.

Le Trône céleste

J'AI tant levé les prunelles
Vers les clartés éternelles
   Sans fond ni bord,
J'ai si bien percé les voiles
Des sept mystiques étoiles
   Qui sont au Nord ;

Sorti de l'humaine voie,
N'éprouvant ni deuil ni joie,
   Ni froid ni chaud,
Sans que je boive ni mange,
Sans que jamais rien dérange
   Mes yeux d'en haut,

Je les ai tant contemplées
Les sept gouttes d'eau gelées
    De l'horizon ;
Devant leur tremblante flamme
Depuis si longtemps j'ai l'âme
    En pâmoison,

Que cette foule abrutie
Qui fait encore partie
    Du monde vil,
S'il fallait que j'y revinsse,
Me prendrait, tant je suis mince,
    Pour mon profil ;

Mais que la troupe céleste,
Voyant l'extase où je reste
    Plus droit qu'un pieu,
A travers les airs m'emporte,
Du soleil m'ouvre la porte
    Et me fait Dieu.

A présent, c'est moi qui règne ;
Le bas de mon trône baigne
    Dans un lac d'or
Où, des cent points de l'espace,
L'image des mondes passe
    Et passe encor.

Sur ce lac flotte une tête
A la barbe de prophète,
    Au front de roi ;
De l'œil une larme coule.
C'est l'ancien Dieu qui s'écroule,
    Chassé par moi.

Et cette tête me charme,
Je ne puis de cette larme
    Me détourner.
En vain les anges fidèles
Viennent d'un million d'ailes
    Me couronner ;

En vain je suis la merveille,
L'être immense où tout s'éveille,
    Où tout s'endort ;
Je ne vois, ne vois sans cesse
Que la tête à barbe épaisse
    Sur le lac d'or.

La dernière Goutte

J'étais en haut d'une colonne,
D'une colonne de feu clair,
Dans l'univers qui tourbillonne,
S'allongeant du ciel à l'enfer.

J'avais tant souffert par mon rêve,
Tant goûté de bonheur par lui,
Que le réel manquait de sève
Pour vivre où ce rêve avait lui.

En vain les deuils et les délices
De l'univers illimité
Montaient, innombrables milices,
A l'assaut de ma sommité ;

Je conservais ma solitude,
Dédaigneux des créations
Qui flottaient dans l'incertitude
Des incomplètes passions.

Pourtant quand des multiples fièvres
L'espace fut débarrassé,
Que, ma coupe magique aux lèvres,
Je me crus à moi seul laissé,

Tout à coup j'aperçus un être
Près de moi debout et muet,
Qu'à demi je crus reconnaître,
Et dont sur moi l'œil influait.

Était-ce la femme adorée,
Jadis morte en pressant mes mains ?
L'être flottait, cime éthérée
Des plus doux sentiments humains.

Tout mon rêve surgit en face ;
Mais d'orgueil mon rêve était fait,
Sur un dévoûment qui s'efface
Sa grandeur glissait sans effet.

Et l'être, en s'oubliant lui-même,
En mettant à mes pieds son cœur,
Pulvérisait le diadème
De mon égoïsme vainqueur.

Je soulevai, dans ma déroute,
Ma coupe sonnant creux déjà,
Et j'en bus la dernière goutte.
Un rêve encor s'en dégagea.

Mais d'un miroir il prit la teinte ;
Et tout s'y fondit, terre et ciel,
Mes luttes, mon orgueil, ma crainte,
En reflet d'amour éternel.

L'ÊTRE AIMÉ

L'Être aimé

Il a la forme masculine
Et la féminine rondeur.
En lui leur beauté se combine
Pour écarter toute laideur.

Sans tes fatalités impures,
Femme, il te prend ta volupté.
Semblables sont vos chevelures.
Il n'a pas ta fragilité.

Son front, d'où jaillit la lumière,
Révèle l'homme aux pensers forts;
Mais sans brutalité grossière,
Sans lourde charpente du corps.

Dégoût de l'homme et de la femme
Dont mon cœur était opprimé,
Il m'en délivre, et dans mon âme
Je possède enfin l'être aimé !

Sous un toit de marbre, porté
Par de sveltes colonnes rondes,
Je m'accroupis, pendant l'été,
Devant tes prunelles profondes.

Une eau que recueille le toit,
Sur ce toit carré se divise
En quatre nappes tombant droit,
Du carré figure précise.

En tons plus vagues et plus purs,
Mes yeux perçoivent l'apparence
Du paysage, par ces murs
A la liquide transparence.

Au soleil s'irisant parfois,
Une des nappes se colore ;
Et dans tes prunelles je vois
Les teintes de l'amour éclore.

Je regardai l'être aimé,
Et je le vis beau, mais pâle
A le croire transformé
Comme on l'est après le râle.

Je le savais bien vivant,
Mais je craignis un présage,
Et je sanglotai devant
La pâleur de ce visage.

Il me dit : « Reviens à toi.
Puisque ma pâleur est belle,
Adore-la sans effroi.
Le Beau, c'est chose immortelle.

« Si je pâlis, c'est d'amour,
C'est d'amour que je succombe.
Ma pâleur préside au jour
Qui luit sans fin sur la tombe. »

Mon oreille était sur son cœur
Qui battait, perceptible à peine.
En haut, le ciel triomphateur
Rayonnait dans la nuit sereine.

Et comparant le ciel si grand
Au point qui concentrait mon rêve,
Je m'indignais que mon tyran
Fût chose si frêle et si brève.

Mais du fugitif battement
Cherchant à tracer la limite,
Je vis avec étonnement
Que l'Océan par lui palpite;

Que par lui palpite le vent,
Et que, base des bleus pilastres,
En s'abaissant ou s'élevant,
Il fait palpiter jusqu'aux astres.

Quand je regarde mes pensées
En moi-même pris pour miroir,
J'aperçois des formes glacées
Dans des vieux cercueils de bois noir.

Ces créations de mon être
Cherchent, dans leurs ais vermoulus,
Quand elles ont pu me connaître.
Moi-même je ne le sais plus.

Mais honteux de ma clarté morte,
De ma déchéance affligé,
Sur l'être aimé quand je reporte
Mon regard d'angoisse chargé,

Soudain j'y trouve mes pensées
Ceintes d'éclat surnaturel,
De leurs splendeurs entrelacées
Me faisant un rêve immortel.

L'ÊTRE AIMÉ

Reposant près de l'être aimé,
J'entendis dans la solitude
De notre jardin parfumé
Une rumeur de multitude.

Par quatre portes débordant,
Les hommes, enfants de l'aurore,
Du Nord, de l'Est, de l'Occident,
Entraient toujours, entraient encore.

Et tous, défilant à leur tour,
Mettaient un baiser sur la bouche
De l'être ivre de leur amour.
Moi, j'en souriais sur la couche ;

Car, fidèle autant que pervers,
L'être aux trahisons sans blessure
Puisait l'amour dans l'univers
Pour me le verser à mesure.

Pour me parfumer les chemins,
Pour noyer mes pensers moroses,
L'être aimé jetait sur mes mains
Des gouttes d'essence de roses.

Mais chaque goutte de cette eau,
Des sucs les plus tendres formée,
Faisait à l'instant sur ma peau
Naître une plaie envenimée.

De ses ongles, dans sa douleur,
L'être aimé s'ouvrit la poitrine,
Dont sur moi le sang le meilleur
Jaillit en source purpurine.

Plus de blessures me cuisant !
Le sang, après les avoir closes,
A mes mains donnait à présent
La teinte et le parfum des roses.

L'ÊTRE AIMÉ

Étalant son corps sculptural,
L'être provoquait mon étreinte.
Je m'en abstenais, dans la crainte
De profaner un idéal.

Prenant en pitié la torture
De mon désir mal contenu :
« Aime, dit-il, mon torse nu.
L'idéal tient à la nature. »

Alors je plongeai dans la chair,
Des sens j'excitai la folie,
Non sans regret que cette lie
Souillât le rêve qui m'est cher.

Mais lien secret des abîmes,
Plus je lâchais la bride aux sens,
Plus l'âme, comme un pur encens,
Montait haut dans les cieux sublimes.

Attendant l'être aimé le soir,
Je désirai mêler l'ivresse
A la volupté, dans l'espoir
D'une plus complète caresse.

A la taverne je courus,
Et j'y fis remplir une amphore
Avec le vin des meilleurs crus,
Un vin mousseux, couleur d'aurore.

Mais l'être aimé jeta le vin,
En me disant, non sans colère :
« A s'enivrer l'on cherche en vain,
Si l'on ne s'enivre d'eau claire. »

Et ses mains ayant rassemblé
D'une source la pure essence :
« Bois, » dit-il. Je bus et roulai
Entre ses bras, sans connaissance.

L'ÊTRE AIMÉ

Ma main caressait sa forme endormie,
Qui, sous l'ombre fraîche, après la chaleur,
Savourait la brise avec anémie,
Et vivait à peine autant qu'une fleur.

Au sein frissonnant, à l'œil noir de fièvre,
Aux baisers de feu volant par essaim,
Avait succédé le calme à la lèvre,
Et le calme aux yeux, et le calme au sein.

Mais inerte, en vain, sommeillait la forme ;
En vain, sans désir, la chair reposait.
Je sentais l'amour, tout un gouffre énorme,
Qui sous l'apparent miroir se creusait.

Et plus la surface était immobile,
Mieux je distinguais dans les profondeurs
Spasmes et frissons, par mille et par mille,
Me faisant mourir à leur trop d'ardeurs.

Gazal

Il tombait, dans ma fièvre, un chant de ma lèvre.
L'être aimé m'accueillit, le doigt sur la lèvre.

D'un baiser j'altérais l'ordre de ses traits.
Mon baiser rencontra le doigt sur la lèvre.

Brisé par le plaisir, je vins à gémir.
L'être aimé demeura, le doigt sur la lèvre.

Je criais : « Il me faut un essor plus haut.
— Demeure en paix, disait le doigt sur la lèvre ;

« O Rêveur, comprends-moi, rêvons sans émoi ;
Le bonheur est un marbre au doigt sur la lèvre. »

HORS DE LA VIE

Hors de la Vie

Quand à s'agiter sans but et sans cause
On a trop brûlé son âme et ses yeux,
Quand on se sent las, être assis repose,
Se coucher est bon, et mourir vaut mieux.

———

Le sphinx au milieu du sable,
Le sage dans la cité,
Font leur socle impérissable
De l'insensibilité.

———

Lama, fakir, bonze ou brahme,
A quoi bon chants et sanglots?
Quand on fait moüvoir la rame,
Voit-on plus clair sous les flots?

———

Pas de forme dérisoire!
Être un espace béant!
Néant, la honte et la gloire.
L'enfer et le ciel, néant.

———

Le vide est mon toit. L'abîme est ma couche.
Je vois sans regards; sans chemin je vais.
J'entends sans oreille, et je bois sans bouche.
Nul ne peut comprendre. Aussi je me tais.

———

La chair, l'esprit, erreur sans trêve !
La vie est du mal ; tout en est :
Même le sommeil, car l'on rêve ;
Même la mort, car l'on renaît.

———

Dieu moins sensé qu'un homme ivre,
Ne pouvais-tu rester coi ?
Quand rien ne tenait à vivre,
Avoir tout créé, pourquoi ?

———

Il se peut que tu me damnes,
O dispensateur du sort.
Des plaignants briser les crânes
N'empêche pas d'avoir tort.

En vain tu veux que je souffre
Dans les mondes superflus.
Dieu, des secrets de ton gouffre
J'approche de plus en plus.

———

Le silence est dans ma bouche,
Et le vide est dans mes yeux.
Sans me fondre en Toi, j'y touche.
Loin déjà sont tous les cieux.

———

O mon idole, ô mystère,
Tu fuis, mais je te poursuis.
Comme entre l'eau dans la terre,
En Toi, malgré Toi, je suis.

Une essence qui repose.
Ni l'air, ni l'eau, ni le feu.
Point d'effet et point de cause,
Solitude. Nuit. Rien. Dieu.

Idylles Japonaises

(1880)

Les Oiseaux

Les oiseaux, sur l'étang sacré,
    Au soleil étalent leurs plumes.
Les rêves dans mon âme éclosent à leur gré,
    Quand l'amour en chasse les brumes.

    Éblouis par l'azur profond,
    Les oiseaux partent sur leurs ailes ;
Et mes rêves, comme eux, dans l'inconnu s'en vont,
    Attirés par les yeux des belles.

    Les oiseaux du ciel obscurci
    Rentrent le soir à tire-d'ailes ;
Mais les rêves en proie aux belles sans merci
    Ne reviennent point d'auprès d'elles.

L'étang retrouve, tout joyeux,
Les oiseaux groupés sur ses grèves.
Moi, je vais mourir seul, belles, si dans vos yeux
Je ne puis rejoindre mes rêves.

Le Flocon de soie

Mon âme est un flocon de soie,
Une forme de papillon,
Qu'à jamais attire et renvoie
Ton amour dans son tourbillon.

L'éventail charmant dont tu joues,
Pour qu'elle bondisse où tu veux,
Est fait du rose de tes joues,
De l'ébène de tes cheveux.

C'est vainement qu'elle palpite
D'épuisement, d'anxiété,
Ton caprice la précipite
Sans trêve autour de ta beauté;

Et son aile, trop bien saisie
Par un jeu cruel et léger,
Au souffle de ta fantaisie
Ne cesse pas de voltiger.

La Blessure

Quand l'amour prend l'âme, il tient bien.
Il ne s'en va pas comme il entre.
C'est en vain, pour chasser le mien,
Que je me suis ouvert le ventre.

Bien qu'en moi le fer aiguisé
Se soit plongé comme un vorace,
Tout s'est vite cicatrisé ;
Il en reste à peine la trace.

Mais, hélas ! l'invisible mal
Que m'a fait une séductrice
Avec ses yeux de noir cristal,
Je ne crois pas que j'en guérisse !

Un seul baume serait calmant :
La lèvre de ma bien-aimée,
Cette tasse de thé fumant
Dont je n'ai rien que la fumée !

L'Orage

Au seuil du verger plein d'arbres fleuris,
　　Je guettais de loin ta venue,
Quand, brisant les fleurs, chassant leurs débris,
　　L'orage est tombé de la nue.

Et ce vent maudit, sur moi se jetant,
　　Me cingla les chairs avec rage.
Je t'aimais si fort, je t'espérais tant
　　Que je tins ferme sous l'orage.

Des fleurs qui jonchaient le sol dévasté
　　Tu vins pour pleurer le désastre.
Mais tu m'oublias, et de mon côté
　　Tu ne tournas pas tes yeux d'astre.

Et mon cœur alors, perdant son soutien,
　　Eut aussi ses fleurs dispersées.
Et de ton verger le deuil ne fut rien
　　Devant le deuil de mes pensées.

Le Miroir magique

Dans ce miroir dont la trempe
Est l'œuvre d'un magicien,
 A la lueur d'une lampe,
Plonge les yeux, regarde bien.

Tu verras surgir un être,
Dans la brume, loin du réel,
 Que tu pourras reconnaître
Pour mon fantôme incorporel.

Prends pour guide son visage.
Triste ou joyeux, il t'apprendra
 Si j'ai reçu ton message,
Si la nuit nous rapprochera.

Mais que l'être de mystère
Du miroir vienne à s'effacer,
C'est que j'aurai, sous la terre,
Fini de vivre et de penser.

Vol éphémère

Il passe un vol d'oiseaux sauvages
Sur la lune, au sommet des monts.
Sur moi s'étendent les ravages
Des maux soufferts quand nous aimons.

Sur un pic un volcan s'allume,
Le vol des oiseaux tourne autour.
Devant mon cœur qui se consume
Volent de vains rêves d'amour.

Puis, lune, oiseaux, montagne et flamme,
Tout se perd dans l'immense nuit.
Et j'ai la nuit aussi dans l'âme ;
Car je suis seul, et l'heure fuit.

Nuit de Printemps

La nuit, comme un papillon noir,
Sur la terre en fleur s'est posée.
Et mon cœur palpite d'espoir,
Dans mon jardin plein de rosée.

La brise du soir courbe les roseaux,
Le ciel est animé par de molles nuées.
Et, comme le ciel, la terre et les eaux,
J'ai les fibres du cœur doucement remuées.

La nuit, comme un papillon noir,
Sur la terre en fleur s'est posée.
Et mon cœur palpite d'espoir,
Dans mon jardin plein de rosée.

La lune se lève au-dessus des monts,
L'univers de blancheur et de clarté s'enivre.
Ma maitresse arrive, et nous nous aimons.
Quand tout n'est que printemps, ah ! qu'il fait bon de vivre !

La nuit, comme un papillon noir,
Sur la terre en fleur s'est posée.
Et mon cœur palpite d'espoir,
Dans mon jardin plein de rosée.

Le Sachet

Sur une mer pleine d'écume,
Dans un frêle bateau, j'errais.
La mer m'abreuvait d'amertume.
Le bateau n'avait plus d'agrès.

Et des monstres couverts de bave,
Requin géant, hydre aux longs bras,
Guettaient, pour bondir sur l'épave
Dès qu'ils la verraient couler bas.

Alors, devant l'onde farouche,
Ayant clos mes yeux à dessein,
Je pris, pour le mettre à ma bouche,
Un sachet qui fut sur ton sein.

Et percevant, dans ma souffrance,
Le parfum dont tu m'as bercé,
J'oubliai tout pour l'apparence
De notre enivrement passé.

La Neige

Le dragon des glaciers polaires
Souffle la bise et les frimas.
Pour moi tu n'as plus que colères,
    Enfant qui m'aimas.

La neige a blanchi la montagne.
La vieillesse a neigé sur moi.
Le froid de l'hiver m'accompagne
Vers une ombre pleine d'effroi.

Bulles de savon que la vie,
Et la jeunesse et le soleil!
M'endormir est ma seule envie,
    Dans le grand sommeil.

La neige a blanchi la montagne.
La vieillesse a neigé sur moi.
Le froid de l'hiver m'accompagne
Vers une ombre pleine d'effroi.

Dernière Prière

O Bouddha, toi qui guéris
    Les désespérances,
Baume unique des esprits,
    Terme des souffrances,

Mets en moi, par ton pouvoir,
    La paix éternelle
Du lotus qu'a pour miroir
    Ta fixe prunelle.

Bouddha, sans qui rien n'est sûr,
    Tends, comme une palme,
A mon angoisse l'azur
    De ton lotus calme;

Du bleu lotus au cœur d'or,
　　Propice au mystère,
Valant, pour ceux qu'il endort,
　　Le ciel et la terre,

Et noyant le mal qui vient
　　Du monde inutile,
Dans l'ivresse que contient
　　Son odeur subtile.

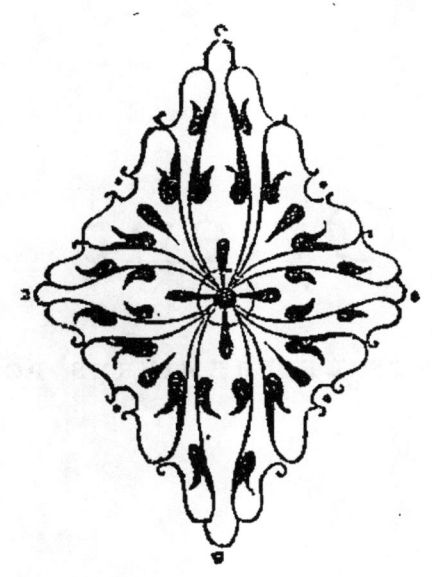

Orient

(FRAGMENTS DE PREMIÈRES POÉSIES)

Les Roses du Harem

Le Calife, aux accents des musiques de fête,
Un soir, dans le harem, parlait à son poète.
Les roses de Bagdad, rouges comme du sang,
Ornaient un bassin d'or de leur éclat puissant.
Et le maître, admirant leurs corolles écloses :
« Flambeau de l'univers, poète, sur ces roses
Compose-moi, dit-il, un distique savant. »
Et le poète alors répondit en rêvant :
« Elles ont la couleur que sur un front de femme,
Quand paraît son amant, met la pudeur de l'âme. »
Or une favorite au regard enflammé,
Se rapprochant d'Haroun, cria : « Mon bien-aimé,

Ce distique trop froid décolore les choses;
J'ai de quoi peindre mieux le feu pourpre des roses,
Car, moi, de mes désirs j'y vois le rouge essaim
Lorsque tu fais tomber le voile de mon sein ! »

Nuit mystique

Le rigide penseur, le bien-aimé du rêve,
L'étoile de l'extase aux rayons faits d'amour,
Sentit que le réel transperçait comme un glaive
Son âme qui voulait l'azur seul pour séjour.

Muet, il s'éloigna de ses belles esclaves
Qui s'étendaient sous lui comme un tapis soyeux,
De son jeune échanson, lune aux langueurs suaves
Qui se mirait le soir dans le lac de ses yeux.

Et sur le roc désert où la chaleur est lourde,
Où tressaillent des voix comme il n'en est que là,
Des dattes dans un sac, de l'eau dans une gourde,
Les pieds nus, le corps plein de cendre, il s'en alla.

Pendant trente-neuf nuits il fut dans la prière,
Puis, quand la quarantième aurore se leva,
Se sentant dans le cœur une sainte lumière,
Il se mit à chercher des herbes qu'il trouva.

Oh! jamais opium, népenthès ou haschische
N'atteignit aux splendeurs que ces herbes font voir;
Et celui qui les tient dans sa coupe est plus riche
Que le roi Salomon avec tout son pouvoir.

Mais, pour boire le suc des merveilleuses plantes,
Le rêveur attendit jusqu'à l'heure où, d'en haut,
Les anges font pleuvoir les étoiles filantes
Sur Eblis le maudit qui leur donne l'assaut.

Alors, du monde vil l'âme étant dégagée,
Le corps purifié par les ablutions,
Il huma lentement la première gorgée
Et laissa dans ses yeux entrer les visions.

Un palais se dressa, d'or, de nacre et d'ivoire,
D'où sortit une reine à la fière beauté.
Et cette reine, en qui rayonnait toute gloire,
Vint se mettre à ses pieds avec sa royauté.

Il ne sentit pourtant qu'amertume dans l'âme.
Avoir cru s'en aller loin dans l'éther abstrait,
Désirer l'impossible et trouver une femme!
Il se remet à boire. Une houri paraît.

L'ascète se troubla. Mais son âme sans borne
Ne se contenta point du céleste jardin.
Trouvant la houri froide et le paradis morne,
Il acheva sa coupe et s'écria soudain :

« Le plongeur a trouvé des perles sous les vagues.
Sur le cratère noir la vaste flamme a lui.
— Bulbul, chante la rose. O rose, réponds-lui. —
La beauté me sourit dans les horizons vagues.

« Les plaintives guzlas, les flûtes, les tambours,
La turquoise au bleu mat, l'agate aux belles veines,
Les lys, les basilics, les œillets, les verveines,
— Bruit, splendeur et parfum, — rien ne vaut mes amours.

« Ma bien-aimée ! Elle est par delà l'empyrée,
Dans le gouffre sans borne au silence absolu,
Où sur l'être ce qui n'est pas a prévalu,
Où plus rien de vivant pour souffrir ne se crée.

« Oh ! voici le moment ineffable et divin.
Nous nous sommes unis dans les grandes étreintes.
Je perce de la nuit les obcurités saintes.
Hors de s'anéantir dans l'amour, tout est vain ! »

Quand le jour s'éveillant vint boire l'eau des palmes,
Le réel reconquit le poète éperdu.
Il retourna chez lui, les yeux tristement calmes,
N'ayant d'autre penser que son bonheur perdu.

Toujours, depuis ce temps, il est demeuré pâle.
La femme à son toucher crie en convulsion.
Lui, de veille et de jeûne épuise son corps mâle,
Pour monter de nouveau jusqu'à sa vision.

Fleur Hindoue

Dans ce monde épuisé de convulsions vaines,
Où l'on atteint le vide à force d'être instruit,
Parmi les vanités, les triomphes, les peines,
Qu'un souffle fait éclore et qu'un souffle détruit,

Dans l'ardent tourbillon des désirs et des haines,
Où jamais une main ne peut cueillir un fruit,
Le suprême secret des sagesses humaines,
Ce n'est pas la science, un mot; la gloire, un bruit.

C'est, dans l'oubli de tout, l'extase où l'on se plonge,
Lorsque l'Illusion, tenant la fleur du songe,
Fait rayonner ses yeux d'étoile, loin du jour;

A travers le réel c'est l'âme qui se joue,
Alors qu'en sa splendeur de souveraine hindoue,
La Chimère à nos fronts met son baiser d'amour.

Chanson Védique

Les Brahmines parlent d'un arbre
Dans le paradis des Hindous.
Sa feuille est lisse comme un marbre ;
Comme sa couleur rien n'est doux.

Que, belle et sans voile, une femme
Vienne seulement l'effleurer,
Cet arbre merveilleux s'enflamme,
Et l'on voit des fleurs l'empourprer.

Ne doute pas, ô séductrice,
Lorsque ta beauté m'apparaît,
Que mon cœur charmé ne fleurisse,
Ainsi que l'arbre fleurirait !

Le Palanquin

Le four jette au loin sa lueur vermeille;
Le porcelainier, accroupi, surveille,
Pendant sa cuisson, l'œuvre sans pareille.

C'est un palanquin que cette œuvre-ci;
L'argile en est rare et la forme aussi;
Rien ne fut jamais si bien réussi.

Car lui, l'artisan que tout lettré vante,
Lui-même a pétri la pâte mouvante,
Puis l'a mise au four de sa main savante;

Ayant par serment promis ce travail
A la fiancée au riche éventail,
Dont l'œil est un jais, la lèvre un corail :

La vierge Chinoise à la jaune épaule,
Qui courbe en marchant son corps comme un saule,
Et dont un parfum sort quand on la frôle ;

La belle au sourcil plus mince qu'un fil,
Aux obliques yeux, au flûté babil,
Qui trace des vers d'un pinceau subtil.

Le porcelainier à sa beauté songe ;
Et comme la mer sous l'oiseau qui plonge,
Sans cesse sous lui son rêve s'allonge.

Il la voit d'abord, dans son jardin frais,
De l'if taillé courant au cyprès,
Aux pêchers fleuris contant des secrets ;

Puis avec un chat jouant sur sa couche,
Puis, comme un lézard qui gobe une mouche,
Se lançant le riz par grain dans la bouche ;

Puis, à petits coups, savourant du thé
Dans le kiosque bleu dont le toit voûté
Se relève en corne à chaque côté.

Là-bas, sur la tour gigantesque et sainte,
En vain la clochette au vent des nuits tinte ;
Le rêveur profond n'entend pas la plainte.

Le Mogol sauvage, au galop passant,
En vain a poussé son cri glapissant ;
Rien n'ôte au rêveur ce qu'en l'âme il sent.

« Le ciel, pense-t-il, fit ma bien-aimée
De cette vapeur, essence innommée,
Qui couvre les monts comme une fumée.

« Plus fraîche est sa peau que l'aurore en pleurs ;
Dès qu'elle apparaît, le jaspe et les fleurs,
Vaincus en beauté, perdent leurs couleurs.

« Les petits cyprins sortent de la vase
Pour voir vers le bord son pied que l'eau rase
Et, quand ils l'ont vu, restent en extase.

« Mandarins du ciel, les faisans dorés,
Les perroquets verts, les paons chamarrés
Lui font un cortège à travers les prés.

« Et sur les mûriers chaque ver-à-soie,
Filant son cocon, se dit avec joie :
« Peut-être j'irai sur ce corps qui ploie. »

Il pensait encor quand résonne un bruit.
Le beau palanquin, ouvré jour et nuit,
En un seul instant, le feu l'a détruit.

Que va-t-il répondre à sa fiancée,
Quand, le lendemain, la vierge offensée
S'écriera : « Qui donc avait ta pensée? »

En vain dira-t-il : « Je pensais à vous. »
Elle a, pour le croire, un cœur trop jaloux,
Et ne viendra plus au bois des bambous.

De douleur, au four il se précipite;
Et tout l'atelier, qui d'effroi palpite,
Le voit qui se tord, l'entend qui crépite.

Tout à coup le corps se change et grandit;
Le buste se gonfle à l'œil interdit;
Ceci se fait droit, cela s'arrondit.

Et l'amant, voilà qu'il devient lui-même
Le beau palanquin, la chaise suprême
Qu'il voulait offrir à celle qu'il aime.

La vierge aussitôt, fidèle à l'amour,
Dans le palanquin fixa son séjour
Et seule y resta jusqu'au dernier jour;

Puis, lorsque son âme alla vers l'autre âme,
Le magique asile où vivait la femme
Servit de cercueil pour le corps sans flamme.

Et, pour honorer l'amante et l'amant,
Tcheou, Fils du Ciel, voulut sagement
Qu'on gravât leurs noms sur un monument.

NOTES

POUR *LES NUITS PERSANES*

NOTES

POUR *LES NUITS PERSANES*

Page 9. Au nom du Dieu clément et miséricordieux.

Invocation toujours placée en tête des poésies musulmanes et généralement suivie d'une paraphrase.

Louange au saint créateur de l'âme qui a gratifié de l'âme et de la foi la vile terre, qui a posé sur les eaux son trône et qui a fait vivre dans les airs les créations terrestres.

FARID-UD-DIN ATTAR. *Le Langage des oiseaux.*

Page 11. Gul et Bulbul.

Ce sont les noms persans de la Rose et du Rossignol. La coïncidence de l'épanouissement de la fleur et des accents les plus passionnés de l'oiseau a donné naissance à la fiction de leurs amours que tous les poètes de l'Orient ont chantée.

Comme les rossignols nous reposons sur les roses.
Hafiz, tu recherches aussi ardemment que les rossignols la jouissance des roses.
Fais donc de ta vie la poussière qui s'élève sous les pieds du gardien des roses.

HAFIZ.

Je regardais fixement dans les yeux la rose
Qui dans le crépuscule brillait comme une lampe.
Elle était fière de sa beauté et de sa jeunesse
Parce que le cœur de bulbul s'était tout entier dévoué à elle.

HAFIZ.

Page 18. Il sent la fierté de la fleur survivre.

Un rossignol tenait dans son bec une feuille de rose d'une charmante couleur; il n'en faisait pas moins retentir l'air de douloureux accents. « Que veulent dire, lui demandai-je, ces gémissements dans le moment même de la jouissance ? » Il me dit : « C'est la fierté de ce que j'aime qui m'arrache des plaintes. »

HAFIZ.

Page 21. Une houri tenant en main la coupe
 Chère aux élus de l'Éden toujours frais.

Les jardins arrosés par des fleuves seront leur séjour éternel.

Coran, v, 119.

On fera courir à la ronde la coupe remplie d'une source d'eau limpide et d'un goût délicieux pour ceux qui la boiront.

Coran, xxxvii, 44-45.

Ils (les élus) auront des vierges au regard modeste, aux grands yeux noirs et au teint éclatant, semblable à celui d'une perle dans sa coquille.

Coran, xxxvii, 47.

Page 24.   Dans sa mélancolie
                   Il rentre inaperçu.

O rossignol, apprends l'amour du papillon parce que brûlé il a rendu l'âme sans se faire entendre.

SAADI.

Page 37.   Son sort est beau, la bougie a raison ;
              C'est l'âme ardente à brûler sa prison.

Celui à qui il n'est pas resté de corps comme à la bougie, se rira de toi lorsque tu voudras lui couper le cou.

SANAÏ.

Page 73.   Qui nous roulera poussière.

O mon cœur, puisque ce monde t'attriste, puisque ton âme si pure doit se séparer de ton corps, va t'asseoir sur la verdure des champs et réjouis-toi pendant quelques jours, avant que d'autres verdures jaillissent de ta propre poussière.

KHEYAM (traduction NICOLAS), quatrain 72.

Page 90.   Quand Medjnoun, loin de Leïla.

Medjnoun et Leïla, Yousouf et Zouleikha, Khosrou et Schirin sont les amants le plus souvent célébrés par la poésie orientale.

Medjnoun l'insensé ne fut pas plutôt le maître de la gazelle que, la débarrassant de ses liens et lui formant un collier de ses bras caressants, il couvrit ses yeux de baisers.

O toi dont le regard languissant me rappelle celui de ma Leïla, que ce soit sous sa protection que, libre désormais des atteintes du chasseur, tu paisses avec sécurité une herbe odorante et savoureuse.

DJAMI, poème de *Medjnoun et Leïla*.

Page 93.   Son sang en rubis, ses larmes en perles.

Par ta grâce, la goutte d'eau devient une perle; par ta puissance, la terre devient de l'or.

ANWARI.

Page 97.   A personne je n'ai conté le bonheur
             Qu'à grand'peine mon cœur refoule.

Quelqu'un à qui confier les secrets de mon cœur en délire, je ne le vois ni dans les grands ni dans la foule.

HAFIZ.

Page 97.   L'amour m'a donné les deux Mondes.

Si tu as saisi son baiser, tu as atteint l'honneur et la majesté dans les deux Mondes.

HAFIZ.

Page 97.   Qu'on ne me parle plus de la Kaaba.

Le signe de ta joue est à mes yeux la pierre noire de la Kaaba.

WALI.

Page 103.   Elle met sa joie à lancer la flèche.
            Son sourcil est l'arc.

La flèche décochée par l'arc de ses sourcils est poignante, hélas! comme le trait qui ne manque pas son but.

WALI.

Page 111.   Tes lèvres d'opium et de sucre.

Qu'on ne me parle point de miel ni de sucre, avant que mes lèvres ne se soient unies à tes lèvres douces.

HAFIZ.

Page 114.   Qu'on laisse Timour gouverner la terre.

Une rose sur mon sein, une coupe de vin dans ma main et ma bien-aimée répondant à mes désirs,

Je suis quand même le sultan du monde, et la fortune est mon esclave.

HAFIZ.

Page 129.   Le destin des êtres l'enchaîne
            A la rotation du ciel.

Siawusch lui dit : « Ne crains rien, car c'est ainsi que l'a voulu la rotation du ciel. »

FERDOUCY, le Livre des Rois.

Page 149.   Échanson, couronne mon verre.

Échanson, fais briller ma coupe de la lumière du vin pur.

> *Chante, musicien, pour que les choses du monde cèdent à mes vœux.*
>
> HAFIZ.

Page 151.   Jette du sable, ô ma main,
             Sur les tristesses du monde.

> *Échanson, lève-toi et tends-moi la coupe,*
> *Jette du sable sur la tête à la tristesse du siècle.*
>
> HAFIZ.

Page 152.   O ma robe, c'est en vain.

> *Mon cœur a horreur du sanctuaire et du vêtement de l'hypocrite.*
> *Où est la maison du tavernier ? le vin pur, où est-il ?*
>
> HAFIZ.

Page 152.   O mon cœur, point de souci.

> *Ayons mauvais renom chez les sages,*
> *Nous ne cherchons jamais la réputation ni le renom.*
>
> HAFIZ.

Page 155.   Quand le bel enfant qui se voue.

> *Ton gracieux visage nous a expliqué le seul paragraphe de la grâce,*
> *Aussi n'y a-t-il dans notre causerie rien que grâce et que beauté.*
>
> HAFIZ.

Page 164.   Et les Pléiades, si je veux.

> *Module bien, et le ciel répandra sur tes chants le tas des Pléiades.*
>
> HAFIZ.

Page 165. Encor du vin ! encor des chants de lyre !...

Si tu veux la lune et le soleil, voici la lune et le soleil;
Si tu veux le soir et le matin, voici le soir et le matin.

DJELAL-ED-DIN ROUMI.

Lève-toi ! car le monde nous appartient aujourd'hui; l'âme des mondes est notre échanson et notre hôte.
La lune, les étoiles du matin jouent du luth, le rossignol de l'âme est enivré de roses.

DJELAL-ED-DIN ROUMI.

Page 173.   Le monde est ma maison de Dieu.

Ceux qui vont en pèlerinage à la Kaaba, dès qu'ils sont arrivés au but,
Voient une haute maison de pierre, dans une vallée ensemencée.
Ils y allaient pour voir Dieu, et le cherchaient partout, et ne le trouvaient pas :
Après qu'ils eurent longtemps tourné autour de la maison, une voix se fit entendre :
« Pourquoi adorez-vous les pierres et ne cherchez-vous pas la vraie maison de Dieu ? »

DJELAL-ED-DIN ROUMI.

Page 180.   C'est aujourd'hui qu'on est en larmes.

Anniversaire du massacre de Kerbéla, célébré comme une date sacrée par les sectes musulmanes de la Perse, par opposition aux sectes turques.

Ce que l'âme des amants souffre d'être séparée de toi,

Nul ne peut le comprendre qu'en pensant aux morts de Kerbéla.

HAFIZ.

Page 182.   Car c'était la plus sainte nuit.

Nous avons fait descendre le Coran dans la nuit d'Al-kadr (des arrêts immuables).

Qui te fera connaître ce que c'est que la nuit d'Al-kadr ?

La nuit d'Al-kadr vaut plus que mille mois.

Dans cette nuit, les anges et l'esprit descendent dans le monde avec la permission de Dieu pour régler toutes choses.

La paix accompagne cette nuit jusqu'au lever de l'aurore.

Coran, chap. CXVII, 1-5.

Page 195.   Sans que nulle part je séjourne.

C'est l'Extase sainte des derviches tourneurs. Le fondateur de l'ordre tourna quatorze jours sans prendre aucune nourriture, pendant que son compagnon jouait de la flûte.

Tu sors des deux mondes en entrant dans la danse,
Car au-dessus des deux mondes est le monde de la danse.
En vérité, très haut est le toit du septième ciel,
Mais plus haut monte l'échelle de la danse.
L'atome rempli de l'éclat du soleil
Commence à mener silencieusement la danse.
Oh! viens! c'est l'image de l'amour, Schems Tebrisi!
En arrière reste l'amour qui ne mène pas la danse.

DJELAL-ED-DIN ROUMI.

Page. 224. Et me fait Dieu.

Si ce n'était l'attente du plaisir et de la peine,
Le pied du derviche serait au-dessus du ciel.

Page 234. Adore-la sans effroi.
Le Beau, c'est chose immortelle.

Pareil à Chiser, j'ai trouvé, cette nuit, la source de la vie,
En sorte que la vie éternelle m'est venue de la source de l'amour.

DJELAL-ED-DIN ROUMI.

Page 242. L'être aimé m'accueillit, le doigt sur la lèvre.

Tais-toi ; car silencieusement le printemps te révèle le secret.

DJELAL-ED-DIN ROUMI.

Page 246. Pas de forme dérisoire !

Quand tu es parvenu au fond, alors quitte la forme.

NISAMI.

Page 246. Nul ne peut comprendre, aussi je me tais.

Marche sans trace, regarde sans yeux le secret de la beauté ;
Apprends sans langue une nouvelle et bois sans bouche.
Quel secret révèles-tu, Nisami ?
Personne ne le comprend. — Arrête ta langue, arrête ta langue !

NISAMI.

Page 247.   Dieu moins sensé qu'un homme ivre.

Tu as brisé ma cruche de vin, mon Dieu! Tu as ainsi fermé sur moi la porte de la joie, mon Dieu! C'est moi qui bois, et c'est toi qui commets les désordres de l'ivresse.

Oh! puisse ma bouche se remplir de terre! Serais-tu ivre, mon Dieu?

KHEYAM, quatrain 388.

Page 248.   En Toi, malgré Toi, je suis.

Car je suis devenu Lui et Lui est devenu moi.

DJELAL-ED-DIN ROUMI.

Table

TABLE

Quelques mots au Lecteur. 1

LES NUITS PERSANES

Préface de la première Édition. 3
Au nom du Dieu clément et miséricordieux 9

GUL ET BULBUL

Conseil à la Rose. 13
Bulbul et le Merle. 15
La Feuille de Rose. 17
Causerie avec la Lune. 19
Bulbul et la Houri. 21
Les Gouttes d'Eau. 23
Les Gouttes de Sang. 25
Pensée funèbre. 27

GAZALS EN N

La Brise.	31
La Fumée.	33
Le Trésor.	35
La Bougie.	37
Largesse.	39
Questions et Réponses.	41
Le Charmeur.	43
Les Louanges.	45
Sanctuaire.	47
Brouillard.	49

LES RHYTHMES

La Caravane.	53
Cadence.	54
Effet de Nuit.	55
Gros et Maigre.	56
Coup de Flèche.	57
Les Jongleurs.	58
La Flûte et le Tambour.	60
L'Escarpolette.	61
Ni plus ni moins.	62
Les deux Notes.	63
Le Nid.	64

VOLUPTÉ

Mélange.	67
Rosée.	68

Les Invisibles.	69
L'Étoile.	70
Bleu sur Bleu.	71
La Fugitive.	72
Au Jour le Jour.	73
La Coupe.	74
La Gargoulette.	75
Les Palmiers.	76

LA SOLITAIRE

Mystère.	79
Mélancolie.	81
Délire.	83
La Splendeur vide.	85
Sur le Nil.	88
Gazelles et Lions.	90
Le Puits.	92
Flots, Palmes, Sables.	94
Floraison.	96

LA VALLÉE DE L'UNION

Ascension.	101
Portrait.	102
La Rime et la Lèvre.	104
Cavalcade.	106
Au Cimetière.	108
Le Bazar.	110
Contrastes.	112
Les deux Couronnes.	114

Les Cygnes. 116
Le Sommeil de la Morte. 118

FLEURS DE SANG

Sabre en main. 123
Le Serviteur d'Allah. 125
Combat singulier. 127
Triomphe. 130
Le Supplice. 132
Le Festin. 134
L'Assassin. 136
Le Lac des Morts 138
Les Roches bleues. 140
Les Sauterelles 142
Épuisement. 144

FLEURS DE VIN

Ivresse douce. 149
Ivresse sage. 151
La Lanterne. 153
L'Échanson. 155
Vacillement. 157
Formes. 159
L'Aumône. 161
L'Araignée. 163
Ivresse lumineuse. 165
Les Ailes brisées. 167

LA MOSQUÉE

Celui qui est. 171
Sur les Cimes. 172

Prière pour l'Ablution. 174
Piété salutaire. 176
Respect de Soi-même. 178
L'Anniversaire. 180
La Nuit Sainte. 182
La Dépouille du vieil Homme. 185
Les Anges trompés. 188
Plus haut. 191

SONGES D'OPIUM

Tournoiement. 195
L'Homme-Océan. 197
Végétation souterraine. 199
Le Squelette. 203
Les Crocodiles. 206
La Recherche du Tombeau. 209
Nénuphars. 212
Le Luth. 214
L'Ordre universel. 217
Dédoublement. 220
Le Trône céleste. 223
La dernière Goutte. 226

L'ÊTRE AIMÉ

L'ÊTRE AIMÉ. 231
Gazal. 242

HORS DE LA VIE

HORS DE LA VIE. 245

IDYLLES JAPONAISES

Les Oiseaux. 253
Le Flocon de soie. 255
La Blessure. 257
L'Orage. 259
Le Miroir magique. 261
Vol éphémère. 263
Nuit de Printemps. 264
Le Sachet. 266
La Neige. 268
Dernière Prière. 270

ORIENT

Les Roses du Harem. 275
Nuit mystique. 277
Fleur Hindoue. 281
Chanson Védique. 282
Le Palanquin. 283

NOTES. 289

Achevé d'imprimer

le neuf décembre mil huit cent quatre-vingt-quinze

PAR

ALPHONSE LEMERRE

25, RUE DES GRANDS-AUGUSTINS, 25

A PARIS

3. — 2308.

PETITE BIBLIOTHÈQUE LITTÉRAIRE
(AUTEURS CONTEMPORAINS)

Volumes petit in-12 (format des Elzévirs)
imprimés sur papier vélin teinté
Chaque volume : 5 francs ou 6 francs
Chaque œuvre est ornée d'un portrait gravé à l'eau-forte

EPHRAÏM MIKHAËL. *Poésie.* — *Poèmes en prose.* 1 v. avec portrait		6 fr.
F. MISTRAL. *Mireille* (texte et traduction). 1 vol. avec portrait		6 fr.
— *Calendal* (texte et traduction). 1 vol.		6 fr.
— *Les Iles d'or* (texte et traduction). 1 vol.		6 fr.
HÉGÉSIPPE MOREAU. *Correspondance.* — *Contes.* Avec une introduction de R. Vallery-Radot. 1 vol. avec portrait		6 fr.
— *Le Myosotis.* — *Poésies inédites.* 1 vol.		6 fr.
ALFRED DE MUSSET. *Œuvres.* 10 vol. Chaque vol.		6 fr.
PAUL DE MUSSET. Biographie d'Alfred de Musset. 1 v. avec portrait		6 fr.
— *Originaux du XVIIᵉ siècle.* 2 vol.		12 fr.
— *Lui et Elle.* 1 vol.		5 fr.
MARCEL PRÉVOST. *Le Scorpion.* 1 vol. avec portrait.		6 fr.
HENRI-CHARLES READ. *Poésies Posthumes.* 1 vol.		5 fr.
ARMAND RENAUD. *Les Nuits Persanes.* — *Idylles Japonaises.* — *Orient.* 1 v. avec portrait.		6 fr.
SAINTE-BEUVE. *Tableau de la poésie française au XVIᵉ siècle.* Édition définitive précédée de la Vie de SAINTE-BEUVE par JULES TROUBAT. 2 vol.		12 fr.
— *Poésies complètes. Vie, poésies et pensées de Joseph Delorme.* — *Les Consolations.* — *Pensées d'août. Notes et Sonnets.* — *Un dernier Rêve.* Notice par A. FRANCE. 2 vol. avec portrait		12 fr.
ARMAND SILVESTRE. Poésies (1866-1872) : *Rimes neuves et vieilles.* — *Les Renaissances.* — *La Gloire du souvenir.* 1 vol. av. portrait.		6 fr.
— Poésies (1872-1878) : *La Chanson des Heures.* 1 vol.		6 fr.

www.ingramcontent.com/pod-product-compliance
Lightning Source LLC
Chambersburg PA
CBHW060506170426
43199CB00011B/1347